Helge Sobik

Der Mann hinter dem Regenbogen

Kanadische Eigenheiten

Helge Sobik

Der Mann hinter dem Regenbogen
Kanadische Eigenheiten

Picus Lesereisen

Picus Verlag Wien

Für Christine

Die Deutsche Bibliothek – CIP-Einheitsaufnahme

Sobik, Helge:
Der Mann hinter dem Regenbogen: Kanadische Eigenheiten /
Helge Sobik. – Wien: Picus Verl., 2001
(Picus Lesereisen)
ISBN 3-85452-749-7

Grafische Gestaltung: Dorothea Löcker, Wien
Umschlagabbildung: Helge Sobik
Druck und Verarbeitung: Remaprint, Wien
ISBN 3-85452-749-7

Inhalt

»Elchwechsel auf den nächsten 88 km«

Roadmovie: unterwegs durch die nördlichen Rocky Mountains

Auf FM 105,1 schmettert Bryan Adams seine Songs als säße er mit im Auto auf dem Weg nach Westen. »I've seen it all from the bottom to the top – everywhere I go the kids wanna rock«. Die rauchige Stimme, der Klang seiner Gitarre: der richtige Soundtrack für einen Road Movie, die richtige Begleitmusik für die 1552 Kilometer Tour auf dem Yellowhead-Highway von Edmonton in der Prärie der Provinz Alberta aus quer durch Rocky- und Coastal Mountains bis an den Pazifik.

In knapp drei Tagen bewältigen Trucker die Strecke durch die schönste Gebirgslandschaft Kanadas, in notfalls zwei Tagen mit Bleifußtempo wäre sie im Personenwagen zu schaffen. Volle drei Jahre hat ein großer blonder Trapper aus Frankreich vor fast drei Jahrhunderten für die Strecke gebraucht. Wie er hieß, ist nicht mit letzter Gewißheit überliefert – vermutlich Pierre Bostonais. Seinen Spitznamen kennt man noch genau: Tête Jaune, Yellowhead – Gelbkopf.

Mit dem Kanu hat er damals die Wildnis bezwungen – immer auf der Suche nach einer Nordroute durch die Rocky Mountains zum Pazifik. Auf der Suche nach einem Weg, den die Pelzhändler der Hudson Bay Company nehmen könnten. Spurensuche dreißig Generationen später: mit dem Auto auf dem Yellowhead Highway unterwegs – immer nah an der Kanuroute von einst.

Vieles hat sich seit den Zeiten des Großen Blonden aus Frankreich verändert. Mehr noch ist geblieben, denn meist nur zwei Blocks weit zweigen die wenigen Siedlungen vom Highway ab, der erst in den siebziger Jahren des 20. Jahrhunderts fertiggestellt wurde – Stichstraßen in die immer noch unbesiegte Wildnis. Dahinter ist alles wie damals: ungezähmte Flüsse, talwärts rauschende Wildbäche, undurchdringliche Wälder.

Kurz vor Jasper queren Bighorn-Schafe die Piste und zwingen selbst die Trucker dazu, ihre Maschinen zu stoppen. Der Highway kreuzt den Jasper National Park, der mit seinen 10.878 Quadratkilometern viermal so groß ist wie der Staat Luxemburg.

»Elchwechsel auf den nächsten 88 km« warnt später das Hinweisschild bei Crescent Spur und rückt zurecht, in welchen Dimensionen man in den Weiten Westkanadas denken muß. Daß solche Hinweise artübergreifend gemeint sind, beweisen drei Hirsche, die die Straße für eine langgestreckte Lichtung im dichten Nadelwald halten. Sie springen kurz vorm Kühlergrill über den Asphalt. 238 Kilometer vor der Stadt Prince George hockt der erste Schwarzbär im Straßengraben und kaut Pusteblumen, als gäbe es die Autos gar nicht.

Jeder Blick durch die Windschutzscheibe ist wie großes Kino: als ob auf dem Fensterglas ein Film nach dem anderen abgespielt würde – vom Road Movie bis zum John-Wayne-Western, vom Sielmann-Tierfilm bis zum Abenteuerthriller. Als ob man mit dem Wagen durch ein einziges riesiges Autokino tourte und das rollende Zuhause von einer 360-Grad-Leinwand umgeben wäre, die sich mitbewegt.

Die bloße Existenz der Straße wiegt in Sicherheit und verleitet zum Irrglauben, der Mensch hätte diese Gegend bezwungen. Zum Irrglauben, der erste Elch am Weg wäre von Disney und würde auf Schienen vorbeigezogen, wann immer ein Wagen die Lichtschranke auslöst. Zur Fehlkalkulation, man könne Arm in Arm mit dem Schwarzbären posieren und im Fell würde doch nur ein gescheiterter Schauspielschulabsolvent aus Los Angeles stecken, der sich anschließend über ein Trinkgeld freut. Der Pelz ist nicht übergeworfen, sondern festgewachsen. Die Zähne halten sich ohne Haftcreme im Maul und haben ihren Härtetest täglich zu bestehen.

Unter den zahlreichen Holzbrücken der Piste donnert Schmelzwasser in die Tiefe. Niemand begradigt hier die Flüsse, niemand baut Uferbefestigungen. Irgendwo dort unten wird Namensgeber Yellowhead sich einst mit seinem Kanu durch die Strömung Richtung Westen gekämpft haben – damals, als niemand ahnte, daß in dieser Gegend eines Tages Truckstopps eröffnet würden wie der in McBride, dessen Spezialität ausgerechnet Bananenkuchen ist.

Das Konditorenmachwerk schmeckt sehr kompakt und ist schwer vom Löffel zu kriegen. »Dasselbe Material, mit dem hier im Winter Fensterritzen abgedichtet werden«, mischt sich Fred vom Nebentisch mit einer schlüssigen Erklärung ein. Der Mann mit Dreitagebart ist mit seinem Fünfzig-Tonner-Lastzug jede Woche auf der Strecke unterwegs. Er kennt fast jeden, tutet zwischen Start und Ziel gut hundert Grüße durchs Horn am Führerhaus seines Dodge-Trucks. Fred weiß, wo die Bären zu welcher Tageszeit Pusteblumen pflücken. Und er weiß, welche Spezialitäten man meiden sollte.

Am liebsten kehrt er in »Ma's and Pa's Kitchen« (»The best home cooking on the Yellowhead«) ein. Die Wirtsleute hausen im Wohnwagen hinter dem hellblau getünchten Truckstopp am Waldrand, ein paar Dutzend Kilometer vor Prince George. Sie servieren die besten Kekse und die größten Burger. Das rote »Open«-Schild im Fenster blinkt nur in den Sommermonaten, wenn die Straße problemlos passierbar ist. »Call me Ma«, stellt sich die resolute Kellnerin vor und stellt großzügig gleich drei Ketchup-Plastikflaschen auf dem Tisch ab.

»Viele Fremde«, erzählt Fred, »starten hier in der Gegend das erste Mal im Leben zu einem Kanu-Ausflug. Ihr erkennt sie daran, daß sie sich gegenübersitzen.« Er lacht über den eigenen Witz so sehr, daß Ma zur Beruhigung erstmal ein Bier bringt. »Everything okay, son?!« will sie von ihm wissen. Er gluckst weiter und empfiehlt ihr bei der Gelegenheit, sich in McBride Bananenkuchen zu besorgen, denn durch die Fenster zöge es. Jetzt lacht er noch mehr, und auch Ma hat ihren Spaß.

Für schlechtes Wetter und den Winter ist die Straßenmeisterei der Region präpariert – nicht unbedingt mit geeignetem Räumgerät, dafür aber mit ausgeschilderten Binsenweisheiten. »Slippery when wet« – »Rutschig, wenn's feucht ist« warnt drei Kilometer weiter eine Hinweistafel am Straßenrand. Meister Gelbkopf hätte sich an die Stirn geschlagen, hätte ihm jemand mit erhobenem Zeigefinger mit auf den Weg gegeben, daß Wasser naß sein könne.

Immer wieder stehen verlassene Autos auf dem Seitenstreifen – alle dreißig, vierzig Kilometer eines. »Sale«-Schilder hinter der Windschutzscheibe weisen die Wagen zum Verkauf aus und geben außerdem Telefonnummern an. Wer etwas loswerden will, muß es dahin bringen, wo andere Menschen vorbeikommen. Alles (Geschäfts-)Leben weit und breit spielt sich an dieser Straße ab. Die größte Siedlung zwischen Edmonton und Prince Rupert ist Prince George, ein 75.000-Einwohner-Nest in Schachbrett-Straßenanordnung, das wie ein aus Versehen im Wald gebautes Gewerbegebiet wirkt. Vor einem Holzhaus in der 8th Street steht eine Polstergarnitur auf dem Fußweg. Eine Papptafel flattert im Wind: »For sale or change« – Tauschhandel wie zu Zeiten der Hudson-Bay-Pelzjäger. »Vielleicht stellt einer drei fürchterliche Stühle hin, wenn er dafür das häßliche Sofa haben darf«, witzelt ein Passant.

Natcho ist Carrier-Indianerin. Ihren Vorfahren gehörten die Weiten des Nirgendwo, bevor Yellowhead den Weg durch die Berge fand und Fremde seinen Spuren folgten. Ihr Name bedeutet übersetzt »großes Auge«. Bis zu ihrem 12. Lebensjahr nannte sie sich der Einfachheit halber Nicole, damit der Name den Weißen besser über die Lippen geht. Als sie in ihrer Highschool-Klasse neben vier weiteren Nicoles saß, hatte sie genug von der Anpassung. Jetzt trägt sie mit Stolz ihren indianischen Namen. In den Sommermonaten jobt sie im restaurierten Pelzhändlerposten Fort St. James, einer fast zweihundert Jahre alten Handelsniederlassung der Hudson Bay Company, und erklärt dort Fremden im historischen Kostüm die Vergangenheit.

Trapper wie Indianer lieferten im Fort einst ihre Pelze ab und wurden dafür mit Stachelschweinborsten bezahlt – einer Währung, die vor der Holztür wertlos war und deshalb noch im Laden gegen Decken, Werkzeug und Feuerwasser getauscht wurde.

Die Trennlinie zwischen den Kulturen geht noch

heute quer durch den Ort. Links der Hauptstraße wohnen die Weißen, rechts die Carrier-Indianer. Die Piste, ein 25-Kilometer-Abstecher vom Yellowhead-Highway, war lange die Grenze ihres Reservats. Natcho hat Freunde auf beiden Straßenseiten.

Burns Lake ist für Yellowhead-Verhältnisse eine echte Metropole, denn der Ort hat ein Kino. Dort laufen Streifen, die in den Großstädten des Südens keiner mehr sehen will. Gleichzeitig hat der Ort einen Nachteil: Nirgendwo in der Gegend regnet es so viel wie hier. Drei Videotheken helfen durch das Mistwetter – die boomendste Branche in den Highway-Dörfern. Jedes vierte Geschäft ist ein Videoverleih, im Schnitt jedes achte ein Reparaturschnelldienst für Videorecorder. Gelbkopf war ohne Videorecorder unterwegs, ohne Handy, ohne Walkman in der Proviantbox. Und er wird nichts davon vermißt haben.

Auf einer Wiese am Skeena River tanzen die Menschen zu Square-Dance-Rhythmen: Dorffest in Smithers. Einer singt später wie Bryan Adams und bekommt den kräftigsten Applaus: »When you're lyin' here in my arms, we're in heaven«. Ein Stück weiter wirbt Obelix auf einer großen Plakatwand an der Straße für das »Big Rock Fitness Center«. Und am Lagerfeuer vor der »Logpile Lodge« bei Smithers duftet es spätabends nach gegrilltem Lachs. Über alldem strahlen die Sterne. Boxenstopp nicht weit vom siebten Himmel.

Fred hat seit den Kurzaufenthalten in McBride und bei Ma und Pa längst wieder kräftig Gas gegeben und will zügig weiter nach Prince Rupert. Noch vor einem Jahrhundert wäre er wahrscheinlich Kanute geworden und hätte seine Ware auf Fraser und Skeena River hinunter bis an den Pazifik gepaddelt. Zehn Wochen hat die Fahrt allein auf dem Teilstück zwischen Fort St. James und Prince Rupert damals gedauert – vorbei an den Gitskan-Indianern von Hazelton, die noch heute mit Lanzen nach Lachsen in den Stromschnellen fischen.

Die Luft schmeckt salziger, der Wind faucht heftiger durch die schiefergrauen Schluchten. Weißkopfseeadler reiten die Böen im Segelflug hoch am Himmel aus. Auf der letzten Etappe weitet sich der Skeena zum bis zu zwei Kilometer breiten Fjord und drängt den Yellowhead Highway an die steilen Uferfelsen. Aus der Straße wird eine Serpentinenpiste, neben der die Coastal Mountains emporwachsen als wollten sie sämtlichen Unebenheiten der Erdkruste zeigen, was ein richtiges Gebirge ist. Blau-weiße Fischkutter tuckern auf den Wellen. Mit ihren Netzen machen sie Jagd auf den Sockeye Salmon, eine Lachsart, deren kräftigrotes Fleisch als besondere Delikatesse gilt.

Dort, wo die Wildnis endet, steht das Gesetz breitbeinig auf der Straße. Zwei Streifenwagenladungen Polizisten halten am Ortseingang von Prince Rupert den gesamten Verkehr an – Führerscheinkontrolle nach 1.552 Kilometern Fahrt. Braunbären seien wesentlich häufiger zu sehen als deutsche Papiere, sagt der Officer. Noch etwas, was sich seit den Zeiten des Großen Blonden nicht geändert hat.

Wo liegt eigentlich Marlboro?

Marlboro-Mann hinter der Fliegengittertür: Fundsache aus Kanada

Ein mannshohes Fliegengitter trübt den Blick in die Freiheit, den Blick auf die Wälder und den dreißig Meter entfernten See. »Geöffnet von 12 Uhr mittags bis 8 Uhr abends« steht an der insektensicheren Maschendrahttür, und drinnen hinter dem Tresen harrt ein in die Jahre gekommener Cowboy in seinem Marlboro Lakeside Store aus. Vor der Tür stehen zwei Autos, am Ufer liegt ein Kanu auf glattgeschliffenen Kieselsteinen, von irgendwoher wiehert ein unsichtbares Pferd. Der Verstand ordert eine tausendmal gehörte Melodie aus der Kinowerbung zur Untermalung der Szenerie, die Phantasie zaubert diese Hymne der Weite herbei.

Auf der einen knappen Quadratmeter großen Landkarte war der winzige Ortsname neben der breiten Linie des Yellowhead-Highway kaum zu lesen: Marlboro. Neugierig gemacht hat er und zum Abbiegen gedrängt. Ein Name mit dem Klang nach Freiheit und Weite, mit dem teerigen Geschmack überfüllter Kneipen. Ein Ortsname, der die Phantasie entfacht, Gefühle auslöst. Ein Name, der an unzählige Kinoabende erinnert und seit Jahrzehnten regelmäßig von Pferdehufen in Cinemascope in den Verstand gehämmert wurde, bevor endlich die Stars die Leinwand betraten, für deren Auftritt man das Eintrittsgeld gezahlt hatte. Marlboro. Wie mag es dort aussehen, wer mag dort leben, wieviele Pferde gibt es? Ist die Freiheit dort grenzenlos und jeder Mann ein Macho? Gibt es auch Frauen in Marlboro-Land, obwohl der wortkarge Lonely Rider von der Leinwand sie uns zwei Generationen lang verheimlicht hat?

Marlboro ist ein Kaff. 130 Seelen, nur ein Geschäft. Eine Abzweigung entfernt vom Yellowhead-Highway, der Edmonton in der Prärie der kanadischen Provinz Alberta mit dem anderthalbtausend Kilometer entfernten Pazifikhafen Prince Rupert verbindet und quer durch die nördlichen Rocky Mountains führt. Knapp zweihundert Kilometer ist Marlboro von Edmonton entfernt, weniger als zwei Fahrtstunden von der Großstadt im Norden Albertas. Dazwischen liegen Welten.

Das Ortsschild ist geklaut, hängt wahrscheinlich als Kanadasouvenir über dem Cordsofa eines passionierten Rauchers. Die Einheimischen erneuern es nicht, denn zu oft schon verschwand es. Die zuständige Abteilung der Straßenbaubehörde beachtet den Verlust gar nicht erst. Wer Marlboro verfehlt, geht kein Risiko ein. Wer mit einem Hirsch bei Tempo 120 kollidiert, weil das Wildwechselschild fehlt, hat das größere Problem. So setzt man Prioritäten. Abzählen ist angesagt. Die vierte Ausfahrt westlich von Wildwood, die nächste nach Bickerdike – falls diese Schilder gerade vorhanden sind.

Eine Schlangenlinienpiste aus roter Erde und Asphalt im Wechsel führt durch die Tannenschonung drei Kilometer weit in die Wildnis. Keine vierzig Häuser ducken sich auf großen Grundstücken in den Wald. Einen Ortskern gibt es nicht, nur den Ortseingang und den Ortsausgang, ein paar Briefkästen, Hausnummern, Häuser. Die offizielle Straße endet am Marlboro Lake und schrumpft von dort an zur Forstwirtschaftspiste – nichts mehr für einen hochglanzlackierten Leihwagen.

Marlboro ist klein, unaufdringlich und riecht nicht. Werbetafeln gibt es nicht. Einzig an einem halbverfallenen Haus hängt ein »For Sale«-Schild mit Buchstaben, deren Farbkraft die Sonne geraubt hat. »Windgate Real Estate, phone 8652211« will die Bruchbude verscherbeln.

Einen Dollar kostet die Dose Cola aus dem Fünfziger-Jahre-Kühlschrank hinter der Tür im Marlboro Lakeside Store. Alkohol gibt es nicht, Zigaretten auch nicht. Der greise Marlboro-Mann, gut einen Meter fünfundachtzig groß, schlank, mit Lederweste und Hut, lebt in erster Linie vom Videoverleih. Etwa 150 Kassetten mit abgegriffenem Rücken stehen hinter ihm im Regal – jede für zwei Dollar pro Tag. Wer drei auf einmal nimmt, bekommt Rabatt.

Wer es sich leisten kann, hat in Marlboro eine Satellitenschüssel in den Garten gestellt – die größten mit bis zu zweieinhalb Metern Durchmesser als wollte der Besitzer damit nebenbei noch die Signale der Pioneer-Raumsonden vom Himmel fischen. Fernsehen scheint die ideale Ablenkung von zu viel Natur zu sein, von Stille, Weite, klarer Luft. Als ob all das nur zu verkraften wäre, wenn man sich ständig die Großstadt im Breitwandformat ins Wohnzimmer holt.

Wortgewaltige Dialoge irgendwo zwischen »yes« und »no«, zwischen »about« und »of course« entspannen sich, während eine ältere Frau mit hochtoupierten Haaren dem Mann unterm Cowboyhut vom Nebenzimmer aus souffliert. Mit drei Freundinnen zusammen hockt sie bei Torte und Tee am Fenster – ohne daß der Seeblick durch Fliegengitter in ein paar hundert quadratmillimetergroße Pixel zerlegt wäre.

Das beweist: Der Marlboro-Mann, dieser alte Macho, hat nicht nur eine Frau, sondern schlägt auch noch alle anderen aus der gesamten Nachbarschaft in seinen Bann. Sei es, weil er mit Kuchen ködert. Sei es, weil er das solideste Fliegengitter weit und breit an der Tür hat. Oder sei es, weil sich alle an den Charme erinnern, den er früher ausgestrahlt hat.

Das Kanu vermietet er, als wäre es die notwendige Reverenz an die Natur. Er will gewappnet sein, falls mal Touristen vorbeischauen sollten.

Demnächst soll ein weiteres Teilstück der Straße durch den Ort asphaltiert werden. Die Leute von Marlboro sind dagegen. Sie lieben ihre Piste so wie sie ist. Eine Schneise in Schlangenlinien durch das Grün der Wälder. Naturbelassen, wenig Teer. So soll es bleiben. Möglichst. Heile Welt in Marlboro.

Bertelsmanns Neuer Großer Weltatlas verrät, daß der Ort noch Doubles in leicht abweichender Schreibweise hat: Dreimal Marlborough listet das Register – jeweils eines in Australien, Neuseeland und Großbritannien. Das kanadische Marlboro kennt der Atlas nicht. Wahrscheinlich fehlte wieder mal das Ortsschild, als die Überseekartographen unterwegs waren. Oder der Maßstab hat die 130 Einwohner einfach verschluckt.

Im U-Boot zum Einkaufen

Zwischen künstlichem Korallenriff und Achterbahn mit Dreifach-Looping: unterwegs in der größten Shopping Mall der Welt

Zwei Dutzend Unterwasserabenteurer pressen ihre Nasen gegen pfannengroße Bullaugen und bestaunen aus einem U-Boot heraus vorbeiziehende Tropenfische, die ähnlich irritiert zurückschauen und irgendwann sicherheitshalber hinter einer Korallenwand verschwinden. Zwanzig Meter backbord vom U-Boot tanzen Delphine und springen unter dem Applaus tütenbepackter Passanten durch rote Reifen – unsichtbar für die Tauchbootpassagiere. Fünfzehn Meter voraus wird Winterkleidung zum halben Preis beworben und ein paar Meter oberhalb des schweren Stahldeckels am U-Boot-Einstiegsschacht Badelotion verschleudert: drei Flaschen der Variante »extra-schaumig« in verschiedenen Duftrichtungen zum Preis von einer – das Angebot des Tages, alles außer Sichtweite der Teilzeitnemos auf ihrer Fahrt durch die Sieben Meere. Zwanzig Minuten dauert die Tour auf dem Grund des größten komplett überdachten künstlichen Sees der Welt, maximal sechs Meter sechzig tauchen die insgesamt vier U-Boote ab – 46 Meter tief könnten sie, gäbe man ihnen die Möglichkeit, ihr technisches Talent voll zu entfalten.

Mit dem Unterseeboot zum Einkaufen, im hochseetauglichen Tauchschiff auf Illusionsfahrt durch das Tiefgeschoß der West Edmonton Mall in der Provinz Alberta – nur eine von vielen Verrücktheiten im größten Kaufhaus der Welt, das Gary Hanson das »achte Weltwunder« nennt. Der an sich bodenständige Mitvierziger mit Brille und Schnurrbart muß so enthusiastisch sein. Er ist General Manager der größten Shopping Mall des Globus mit über achthundert Geschäften, mehreren Kaufhäusern, 110 Restaurants, 26 Kinos und eigenem Hotel. Zwanzig Millionen Besucher kommen jedes Jahr hier her, allein 140.000 an durchschnittlichen Wochenenden. »Sie alle erwarten mehr als nur ihr Einkaufserlebnis – Shopping mit Kick, Kaufhaus-Entertainment auf Nordamerikanisch« schwärmt Hanson. Die U-Boot-Fahrt durchs gut getarnte Tiefgeschoß, für die bis zu zweitausend Jahre alte Korallenstrukturen komplett nach Edmonton umgesiedelt wurden, zählt zu den beliebtesten Attraktionen – Fahrpreis zwölf kanadische Dollar, umgerechnet rund acht Euro.

Die Investorengruppe Triple Five hat Wagemut am Rande zum Kamikaze bewiesen und inzwischen weit über eine Milliarde Euro in die Prärie gesetzt – ausgerechnet dort, wo es nach Norden, Osten und Westen so gut wie kein Einzugsgebiet gibt und nur der Süden Kaufkraft verheißt. Dort, wo in einem Fünfzig-Kilometer-Radius weniger als eine Million Menschen ihre Häuser ins platte Land stellten und die Immobilienansammlung in der Mitte Edmonton nennen. Dort, wo sich Rinder, Biber und Otter Gute Nacht sagen: keine Gegend mit immenser Kaufkraft, kein Drehkreuz des internationalen Tourismus, bis dato beileibe keine Shopping-Hochburg.

Die Financiers griffen trotzdem tief in die Sparschatulle und zogen, ausgehend von der Kreuzung zwischen 87th Avenue und 170th Street, in West Edmonton ein Einkaufszentrum der Superlative hoch – heute ein 48 Cityblocks umfassender Gebäudekomplex, der ständig weiter wächst. Die nächste Bauphase ist auf dem Reißbrett der Planer bereits Realität. An den finanziellen Erfolg hat anfangs fast niemand geglaubt, darauf gehofft eine ganze Region. Heute schweben Ein- und Zwei-Tages-Besucher per Charterjet aus den kanadischen Metropolen und US-Großstädten ein. Sogar Charterflüge aus Europa gibt es bereits, und daß man vor lauter Begeisterung die DDR noch nicht aus den Landkarten der Werbebroschüren für das Jahr 2001 getilgt hat, kann schon mal passieren …

Die West Edmonton Mall ist im Guinness Buch der Rekorde mit etlichen Superlativen verzeichnet. Selbst der Parkplatz ist Weltrekordinhaber – asphaltversiegelter Boden mit Platz für zwanzigtausend Autos und Extrastellplätzen für über hundert Wohnmobile, Service für Shopper auf Durchreise, die mit dem rollenden Ferienhaus unterwegs sind.

Von zwölf Uhr mittags bis acht Uhr abends hallen Schreie im Vier-Minuten-Takt durch den Nordflügel – unterlegt mit dumpfem Donnergrollen: kein technischer Trick, sondern die Mischung aus hinausgebrüllter Todesangst und entfesselter Begeisterung. Und Beleg dafür, daß die Mindbender-Achterbahn im angeschlossenen, ebenfalls komplett überdachten Galaxyland-Freizeitpark in Betrieb ist. Wagemutige werden erst bis auf die Höhe von 14 Stockwerken geschleppt, um dann durch drei Loopings in die Tiefe zu rauschen. Einkaufstüten müssen an der Kasse geparkt werden – der Sicherheit wegen. Ohne Weltrekord geht es auch hier nicht: Die Achterbahn ist der größte Indoor-Rollercoaster der Welt. Natürlich. Und der Freizeitpark mißt über

37.000 Quadratmeter – eine häßliche Halle mit nackten grauen Wänden, groß wie ein Flugzeughangar und vollgestellt mit allem, was Jahrmarktphantasien hergeben.

Den Romantik-Kontrapunkt setzt die in sehr freier Interpretation nachgebaute Bourbon Street aus New Orleans, wo sich hinter edlen Fassaden noch edlere Designerboutiquen aneinanderreihen und kein Achterbahnschrei herüberdringt, wenn der Magnetstreifen der Kreditkarte irgendwo zwischen Rolex und Calvin Klein, zwischen Escada und Ralph Lauren heißläuft.

Die für Europäer beizeiten ungünstige Wechselkursrelation schadet dem Geschäft nicht, zumal die Kaufkraft für uns in Kanada größer ist als in den USA. Konstant rund 10,5 Prozent der Kunden in der West Edmonton Mall, kommen aus dem Ausland. »47 Cents jedes in Edmonton ausgegebenen Touristen-Dollars landen in den Kassen der Mall«, hat Gary Hanson ermitteln lassen – kein Wunder, denn die Innenstadt der Präriemetropole ist spätestens seit dem Erfolg der Mall am Stadtrand keinen Einkaufsabstecher mehr wert und verkommt Straßenzug um Straßenzug.

Geöffnet ist das Wahnsinnskaufhaus ausnahmslos jeden Tag des Jahres – an Weihnachten und Neujahr lediglich ein paar Stunden kürzer als sonst, und wer zwischendrin das Geldausgeben leid ist, erholt sich nebenbei: zum Beispiel bei einer Runde Schlittschuhlaufen auf dem Indoor-Eisring, der den Abmessungsvorgaben für Wettkämpfe der kanadischen »National Hockey League« entspricht. Oder er stemmt sich gegen die Brecher im größten überdachten Wellenbad mit über einem Dutzend Wasserrutschen und der höchsten Indoor-Bungee-Jumping-Einrichtung der Welt. Wer hingegen schon immer davon geträumt hat, irgendwann in einem Kaufhaus den Bund fürs Leben zu schließen, der kann sogar in der Mall-eigenen Kapelle heiraten und für die anschließende Hochzeitsparty den originalgetreuen Nachbau des Columbus-Flaggschiffs »Santa Maria« im Westflügel der Anlage mieten. Nur darf er sich nicht davon stören lassen, daß alle paar Minuten ein U-Boot am Rumpf vorbeischrammt. Der Entdeckerkahn dümpelt direkt an der Fahrrinne durch die Sieben Meere.

Wo Gletscher die Straße verschlingen

Das Land der Grizzlybären: unterwegs auf dem Stewart-Cassiar- und dem Glacier-Highway

Norm Johnson macht gute Geschäfte mit der Einsamkeit. Der Mann ist Pächter der Petro-Canada-Tankstelle mit dem knallroten Ahornblatt im Logo am Ansatz des Stewart-Cassiar-Highways. Sein nächster Konkurrent ist 170 Kilometer entfernt – zwei Fahrtstunden weiter nördlich im Nirgendwo. Wann immer ein Wagen auf dem letzten Sprit-Tropfen aus der menschenleeren Wildnis angeröchelt kommt, wann immer einem auf dem Weg in die Goldsuchergebiete im Yukon Territory oder nach Alaska ein Reifen platzt: Norm Johnson ist zur Stelle. Keine zweihundert Autos sind an durchschnittlichen Tagen in jeder Richtung auf diesem Abschnitt der Wildnisstraße unterwegs, doch jeder davon bringt Geld in die Kasse.

Der Stewart-Cassiar-Highway, zwei schmale Fahrspuren breit und 718 Kilometer lang, ist keine Schlagader des Nordens. Er ist ein zehn Meter breites Äderchen. Das einzige, das den Nordwesten von British Columbia an das Herz Kanadas bindet. Eine Piste durch die Wildnis, die den Yukon und Alaska an die Metropolen des Südens knüpft. Eine Straße, die noch heute ein Abenteuer ist und genau deswegen befahren wird.

Schwarzbären hocken arglos am Asphaltsaum, kauen Kräuter, fressen Beeren. Grizzlys verbergen sich im Dickicht und trauen sich erst im Juli und August heraus an die Creeks, an deren Ufern sie mit ihren Pranken nach springenden Lachsen fischen. Elche watscheln gemächlich über die Piste. Hirsche rasten auf dem Highway und scheinen mit den Autofahrern darum pokern zu wollen, wer auf wen warten muß. Ein grüner Vorhang verbietet den Blick hinter diese schmale Bühne aus Asphalt. Die Wildnis wahrt ihre Geheimnisse.

Wo der Telegrafendraht nicht mehr parallel zur Piste verläuft, spätestens dort hört die Zivilisation auf. Das Land der Gletscher beginnt. Bis unmittelbar an die Straße robben sie sich auf dem 65-Kilometer-Abstecher Highway 37A (»Glacier-Highway«) nach Stewart und Hyder heran.

Selbst wer keine Karten lesen kann und sich anderswo ständig verfährt, macht hier nichts falsch: Auftanken bei Norm Johnson, Gummibären, Cola und hausgemachte Sandwiches für 3,50 Dollar kaufen und Kurs Richtung Norden setzen. Bis zur Kreuzung Meziadin Junction führen die einzigen Abzweiger auf ein paar kleine Rastplätze an reißenden Creeks. Allenfalls unbefestigte Holzfällerpisten winden sich ansonsten hinein in die Wälder – Straßen, die man meiden sollte, denn dort gilt eine Sonderregel: Holztrucks haben immer Vorfahrt. Egal in welcher Situation. Weil das so ist und sie obendrein nicht mit Gegenverkehr rechnen, geben die Brummi-Kapitäne dort gnadenlos Gas. Nichts für werksneue Leihwagen.

Der Stewart-Cassiar-Highway – selbst aus Holzfällerpisten entstanden, die erst seit 1973 lückenlos miteinander verbunden sind – ist bis Meziadin Junction asphaltiert. Dort an der Kreuzung hat ein Zunftkollege von Norm Johnson vor ein paar Jahren ein tiefes Loch gegraben, zwei 25.000-Liter-Tanks im Boden versenkt und Zapfsäulen draufgeschraubt. Eine Goldgrube. Ihm »gehören« die nächsten knapp hundert Kilometer, und auch auf seinen Hof fährt jeder, der vorbeikommt.

Vor seiner Tür gabelt sich die Piste: Nur der Abzweiger nach Stewart und Hyder ist befestigt, die Strecke nordwärts auf den nächsten 94 Kilometern eine unbefestigte Schotterpiste. Beliebtes Zwischenstopp-Entertainment aller Reisenden mit Richtung Süden an der Meziadin Junction: den Wagen von den Spuren des Outbacks befreien lassen – Komplettwaschgang für zehn Dollar, für Wohnmobile einen Dollar je Fuß Karosserielänge.

Wildniswundertüte auf dem Weg Richtung Westen: Vierzig Kilometer vor den Toren von Stewart – einst eine boomende Minenarbeiterstadt mit zehntausend, heute ein Nest mit nur noch rund tausendfünfhundert Einwohnern – rumpelt der gewaltige Bear-Pass-Gletscher heran. Zehn Gletscher sind von diesem Straßenabschnitt aus in Sichtweite. Kaskaden aus Schmelzwasser stürzen die Berghänge herunter. So viele Wasserfälle auf einen Blick, daß sie kaum zu zählen sind.

Schrumpfende Schneekuppen thronen wie weiße Baseballkappen auf den Spitzen der Cambria Mountain Range, die hier bis zu 2800 Meter hoch aufragen. Weißkopfseeadler ziehen majestätisch ihre Bahnen, als wären sie eine Art himmlische Highway Patrol, würden heimlich die Geschwindigkeit messen und die Daten an den Sheriff in Stewart weitergeben.

Die wenigen Einwohner dort haben sich mit der Einsamkeit arrangiert. Wer ausgehen will, steuert das China-Restaurant Fong's Garden an, und wem der Sinn nach preiswerten Alkoholika steht, der verschwindet auf einen Sprung hinter der Grenze in Hyder, das bereits zum US-Bundesstaat Alaska gehört und mit dem Slogan »the friendliest ghost town in Alaska« wirbt. Dem US-Zoll ist ausnahmsweise egal, wer einreist, denn Hyder ist eine Sackgasse. Kontrollen gibt es nicht, weil die Straße dreißig Meilen hinter der Grenze im Nichts kurz hinter der Stelle endet, wo der Salmon Glacier die Piste fressen will. Niemand käme von Hyder aus weiter in eine andere US-Stadt. Der Wald ist undurchdringlich. Aus Europa kennt man es nicht, daß Straßen einfach an einem Sandhaufen zu Ende sein können. Sie verzweigen sich, suchen neue Ziele. Hier gibt es viel Platz, wenige Menschen und keine neuen Ziele.

Lediglich die Kanadier kontrollieren – und auch das nur bei der Rückfahrt nach Stewart: »Weil unsere Leute in Alaska immer zu viel Alkohol einkaufen und rüberschleppen«, erklärt der Zöllner, der sicherheitshalber in den Kofferraum schaut und sich auch nach mitgeführten Schußwaffen erkundigt.

Der kleine Border-Bandit-Supermarkt in Hyder freut sich über die Shopping-Kurzausflügler, der Glacier-Inn über die heimlichen Feuerwasser-Aufkäufer. Ansonsten ist in dem Alaskadorf fast alles stillgelegt, und selbst die Zeit ist eine Stunde hinter der auf kanadischer Seite zurück. Die Eingänge der meisten Minen, die größte mit einem 17 Kilometer langen Hauptstollen, sind zugeschüttet oder verrammelt, die Fenster der kleinen St. Pauls Orthodox Church vernagelt, etliche der Westernstadt-Holzhäuschen liegen in Ruinen. Hyder hat seine Glanzzeiten hinter sich – und gerade das macht den Hundert-Einwohner-Ort spannend. Schulkinder müssen morgens über die Grenze nach Stewart, und auch die einzige Bank für beide Orte ist auf kanadischer Seite des Schlagbaums.

So ausgestorben Hyder für zehn Monate des Jahres ist, so viel los ist im Juli und August. Nicht nur die Grizzlys kommen dann, auch die Touristen. Die einen schauen den anderen am Fish Creek drei Meilen außerhalb beim Fotografieren, die anderen den einen beim Lachsefangen am schmalen und nur knietiefen Fluß zu. Ungefährlich ist das Unterfangen nicht, denn kein Zaun trennt die bis zu 450 Kilo schweren Bären von den Beobachtern, die hinter einem hüfthohen Geländer in fünf Meter Entfernung auf einer kleinen Holzbrücke Posten beziehen. Auf dem Rückweg zum Parkplatz müssen sie näher an den Grizzlys vorbei als beiden Parteien lieb ist …

Noch bis 1993 wurden in der Region Kupfer und Zink abgebaut, in den Jahren davor auch Gold und Silber. Halbzerfallene Fördertürme und Gerätehäuser tauchen immer wieder an der holprigen Serpentinenroute Richtung Salmon Glacier auf, die sich binnen weniger Meilen von Meeresniveau auf 1300 Meter hinaufschraubt. Manchmal hat der Wald die Bauten fast verschlungen, manchmal scheint er keinen Appetit auf die Spuren der Industrie von einst zu haben.

Explorationsfirmen suchen an einigen Stellen der Region nach neuen, ergiebigen Mineralvorkommen und starten Probebohrungen, doch noch ist ein neuer Minenboom in weiter Ferne. Die Bevölkerungsmehrheit in Hyder wird immer noch von den Grizzlys gestellt. »Gingen sie zur Wahl, ihr Kandidat würde Bürgermeister werden«, witzelt Al Larsen, der sich Sehschlitze in das formatfüllende Gewirr aus Bart und Frisur geschnitten hat, um Fremde in der kleinen Tourist-Information mit Faltblättern über die Region zu versorgen.

Hat die Natur keine Lust auf Besucher, schickt sie einen Schwung Sitka-Tannen per Erdrutsch auf die Schotterstraße im Hinterland von Hyder und zeigt, wer hier rund um den Misty Fjords National Park das Sagen hat. Bis Räumfahrzeuge die Wildnis wieder passierbar machen, vergehen Tage, manchmal Monate, falls ein unerwarteter Wintereinbruch dazwischenkommt.

Norm Johnson ist weit, wenn man in Stewart ist, aber eine Petro-Canada-Tankstelle gibt es auch hier. Granmac Services steht auf der Leuchtwerbung, und der Sprit ist dreißig Prozent teurer als bei Norm: Wildniszuschlag.

Bei den Goldgräbern am Klondike

Kuriose Typen, wilde Sitten: Begegnungen im Land des großen Goldrauschs

Reisevorbereitungen werden so nicht eben erleichtert: Der Wheather Channel, der rund um die Uhr im kanadischen Fernsehen die Wettervorhersage verbreitet, ignoriert das Yukon Territory schlicht. Kein Satellitenbild, keine Vorhersage über die nordwestlichste Region des Landes, die an Alaska grenzt. Die Fernsehkarten sind unterhalb des Yukon abgeschnitten. Allenfalls die aktuelle Temperatur aus der Regionalhauptstadt Whitehorse wird verraten. An diesem Morgen plus vierzehn Grad. Immerhin. Wer über die computerisierte Auskunft am Airport in Vancouver nähere Daten zum Zielflughafen Whitehorse erfahren will, wird ebenfalls ausgebremst: »Not found. Ask helpdesk« erscheint auf dem Schirm. Die Kontrollabfrage beweist: Ansonsten ist das ganze Land vertreten.

Das Ende der Welt hat nicht nur keinen Einzug in die Landkarten gehalten, es findet auch im Datennetz nicht statt: ein Randgebiet menschlichen Seins, Heimat verschrobener Typen und skurriler Charaktere, Ziel aussteigewilliger Zivilisationsflüchtlinge. Auf einer Fläche, die der Ausdehnung von Deutschland, Dänemark und den Benelux-Staaten entspricht, leben 32.000 Menschen. Wieviele davon Fernseher besitzen und wie hoch der Marktanteil des Wheather Channel ist, hat man statistisch noch nicht erfaßt.

Während des Zweieinhalb-Stunden-Fluges von

Vancouver nach Whitehorse wird viel getratscht und gelacht. Man kennt einander, reißt Scherze und tut das, was die Einwohner Yukons am allerliebsten tun – Geschichten und Anekdoten erzählen. Wer die Stories am Anfang einer Reise für zu dick aufgetragen hält, der weiß nach spätestens einer Woche: Sie stimmen alle. Und Simon Mason-Wood aus dem Winzkaff Mayo, das vier Fahrtstunden nördlich von Whitehorse abseits vom Klondike Highway am Silver Trail liegt, hat die besten Stories.

Der Mann kennt jeden im Yukon und ist mit fast allen – zumindest im Großraum Mayo – obendrein verwandt. Wer mit Simon (»Call me Si«) unterwegs ist, kommt aus dem Händeschütteln und aus dem Vorgestelltwerden nicht heraus.

Simon arbeitet als Goldbote und scheppert alle paar Tage mit seinem rostigen Pick-up Baujahr 1964 die 235 Kilometer über den Klondike Highway nach Dawson City ins Hauptquartier der Goldaufkäufer: im Führerhaus der inzwischen taube Terrier »Dynamite« als Wachhund, auf der Ladefläche eine Holzkiste und im Gepäck Goldnuggets für zigtausend Dollar. Der Pick-up ist nie abgeschlossen, parkt oft unbewacht vor Rasthöfen, während Simon drinnen mit Freunden zusammensitzt. Geklaut wurde noch nie etwas.

Simon ist selbst mit den eigenbrötlerischsten Schürfern in seinem Revier östlich von Dawson befreundet und überall gern gesehener Spaßmacher: mit den Goldgräbern von Duncan Creek und Thundergulch ebenso wie mit den Minenarbeitern von Keno, mit dem permanent besoffenen Milos an der Spitze, der seit zwanzig Jahren im selben Haus wohnt und trotzdem jedesmal beim Eintreten über die Türschwelle stolpert. In der Kneipe auf der anderen Straßenseite geschieht ihm genau dasselbe – obwohl er dort noch öfter ist als zu Hause.

Diesen Abend sitzt Simon im Wohnzimmer von Frank Taylor in Duncan Creek und läßt den Blick durchs meterhohe Panoramafenster schweifen. Der allerdings könnte schöner sein: Der Bach, der einst durch den Garten floß, ist links und rechts auf jeweils 150 Meter Breite mit schweren Schaufelbaggern komplett umgeschichtet und durchgesiebt worden. Sand- und Lehmberge türmen sich, wo einst Beete waren. Eines Tages fand Frank im Garten ein Goldkorn. Und wo eines ist, könnten noch mehr sein …

Bei Lowell Bleiler gibt es nicht mehr viel umzugraben. Sein Claim gleicht einer Mondlandschaft. Weil das so ist, hat er ihn an einen idealistischeren Jungschürfer verpachtet und fährt nur noch eine Provision ein – könnte ja sein, daß doch noch eine Goldader angezapft wird. Die Schürfer im Yukon sind auch runde hundert Jahre nach Beginn des großen Goldrauschs mißtrauisch wie eh und je. Bleilers Familie hat einmal einen Fehler gemacht. Damals verkaufte sie einen Claim direkt am Klondike River am Rande von Dawson City, den sie für abgeerntet hielt. Ein halbes Jahr später hat der neue Besitzer dort Gold für eine halbe Million Dollar herausgeholt.

Im Sommer 1896 entdeckten George Carmack, Skookum Jim und Tagish Charlie im Bonanza Creek das kostbare Edelmetall. Ein Jahr später erreichte die Nachricht davon Seattle und San Francisco. Zehntausende machten sich 1897 auf den Weg über den legendären Chilkoot Trail in die unerschlossenen Weiten des Yukon Territory und suchten das Glück, 1898 kamen die ersten von ihnen am Klondike und am Yukon River an. Rund fünfzig Tonnen Gold wurden dem sandigen Boden in den besten Jahren abgerungen. Auch Dagobert Duck machte hier sein Vermögen, schürfte am Klondike das Gold, für das er den umkulteten »ersten Taler« bekam. Zumindest wollten es Disneys Zeichner so. Noch heute werden drei Tonnen pro Jahr im Yukon geschürft.

Zweimetermann Lowell Bleiler haust während der Sommermonate in einem Wohnwagen am Rande seines Claims. An der Tür hängen zwei Warnschilder: eines zum Wenden mit den Worten »Sleeping« und »Not sleeping« auf der Rückseite, eines mit dem Hinweis »No smoking – but anything else is permitted« – »Rauchen verboten – aber alles andere ist erlaubt«. Das Geld bringt heute Lowell Bleilers Frau in die Familienkasse. Sie schreibt Bücher über Dekorationskunst und Serviettenfalttechniken, die in acht Sprachen übersetzt wurden. Gerne würde sie auch mal ein Kochbuch veröffentlichen. Rezepte gesammelt hat sie genug. Ihre Versuchsküche ist der Gasherd im Wohnwagen.

Nicht weit von hier schürft der Auswanderer Hans Barchen im Pensionsalter immer noch nach Gold. 1953 ist er aus Deutschland hierher gekommen. 25 Kilo holt er mit seinen Maschinen Jahr für Jahr aus dem Creek – darunter vor fünf Jahren einen Rekordklumpen von 480 Gramm Gewicht. Nur hundert Tage im Jahr ist es klimatisch möglich, hier Gold aus dem Permafrostboden zu waschen – eine Zeit, zu der jeder Arbeitstag von acht Uhr morgens bis zehn Uhr abends dauert. Der knorrige Hans hat es sich so ausgesucht. Er liebt den Yukon, liebt sein kleines Holzhäuschen im Vierhundert-Seelen-Nest Mayo, liebt die Stickbilder seiner Frau

Elfriede an der Wand und kehrt der Gegend nur im tiefsten Winter den Rücken, wenn die Temperatur auf bis zu minus 56 Grad Celsius fällt. »Dann mach' ich Urlaub in Mexiko oder auf Hawaii, wo die Sonne scheint, der Strand wohlig warm ist und die Mädels im Bikini herumlaufen.« Er strahlt, daß die Goldzähne nur so blitzen und erntet einen kritischen Blick seiner Frau.

Simon gehört fast zur Familie. Wenn er ein Tütchen mit Goldstaub oder ein Säckchen mit größeren Klumpen für die Kurierfahrt zu Michael T. Ellis nach Dawson City abholt, gibt es kein Nachwiegen, keine Quittung, nur einen kräftigen Händedruck und einen Blick in die Augen. Das reicht.

Dawson City wurde Ende des 19. Jahrhunderts über Nacht zur größten Stadt nördlich von San Francisco. Hier gab es eher Elektrizität und Telefon als in den meisten anderen Städten Kanadas, dazu so viel Champagner, daß man darin Boote hätte schwimmen lassen können. Geblieben sind aus dieser Zeit die typischen Wildwest-Holzhäuser: Drugstores, Bars und Saloons wie Klondike Kate's. Einst verfügte Dawsons kleine Kirche sogar über die größte Pfeifenorgel der Welt. Heute ist sie demontiert. Die Orgelpfeifen wurden als Dachrinnenersatz gebraucht und sind noch an vielen Häusern zu finden. Die neue Orgel ist auf Normalmaß geschrumpft.

Heute leben in Dawson ganzjährig nur etwa achthundert Menschen. Und noch immer ist hier der Wilde Westen lebendig. Leute von der Regierung sind nicht gerne gesehen: »Weil sie Regeln machen«, sagt einer an der Theke der Gaststätte Marinas.

Noch immer ist die Stadt Zentrum des Goldschürfens im Yukon. Drei Goldaufkäufer teilen sich das Geschäft. Einer von ihnen ist jener Michael T. Ellis. Bei ihm liefert Simon seine Nuggets ab. Oft bleibt er auf eine Tasse Kaffee und schaut zu, wie der brummig-humorige Michael die wertvollen Metallbrösel hinterm Haus prompt zu handlichen Barren schmilzt. »Macht hier besser kein Foto«, hatte er noch gebeten. »Meine Bosse mögen das nicht.« Sekunden später glühen die in eine Form geschütteten Nuggets. Minuten später erstarren sie zu Barren, die auf dem Luftweg nach Vancouver reisen. Der letzte Goldraub in Dawson City liegt zehn Jahre zurück. Der Täter wurde am Ortsausgang gefaßt.

Heimlicher König von Dawson City ist der 27jährige Bill Holmes. Er hält eine Tradition am Leben, die in Dawson seit knapp neunzig Jahren hochgehalten wird – entstanden aus einem Scherz. Damals schleuderten Einwohner der Stadt einem Neuankömmling den abgetrennten Zeh eines Indianers in den Whiskey. Der trank dennoch sein Glas leer und wurde fortan ernst genommen. Wer heute als echter Mann gelten will, muß denselben Test bei Bill Holmes im Sourdough-Saloon hinter sich bringen. Dabei läßt er einen getrockneten, menschlichen Zeh von beachtlicher Dimension ins Glas mit einem Getränk nach Wahl plumpsen. Der Proband muß es leer trinken, und der Zeh muß dabei die Lippen des Kandidaten berühren. Wer das durchhält, bekommt eine Urkunde, in der schwarz auf orange bescheinigt wird, was für ein harter Typ er ist. Knapp fünfhundert Leute hat Bill in den drei Jahren seiner Amtszeit bereits zum Zeh-Test verführt. Bills jahrzehntelang wirkender Vorgänger brachte es auf eine Liste mit über zehntausend Namen.

Dabei ist längst nicht mehr der Ursprungszeh im Rennen. Allein seit 1977 wurden sieben Zehen verschlissen. An alle Einzelschicksale erinnert Bill sich nicht mehr genau. Nur so viel: Nr. 1 und 3 wurden versehentlich verschluckt. Nr. 2 ging einfach so verloren. Nr. 7 moderte unerwartet trotz Konservierung. In solchen Fällen inseriert Bill unter »Diverses« in den Tageszeitungen Kanadas und Alaskas: »Suche toten menschlichen Zeh als Geschenk. Guter Erhaltungszustand Voraussetzung. Kontakt in Dawson City/YT, Phone ...«. Bisher hat das immer geklappt. Der aktuelle Zeh stammt vom abgefrorenen Fuß eines Hundeschlittenführers aus Alaska, der Vorgänger blieb irgendwo beim Rasenmähen auf der Strecke.

Wenn es Nacht wird in Dawson City, dann steigt im alten Palace Grand Theatre die Wildwest-Revue »Gaslight Follies«, dann beginnt der Spielbetrieb in Diamond Tooth Gertie's, dem einzigen vollständig lizensierten Casino Kanadas. Hier darf nicht nur gespielt, sondern auch getrunken werden. Und auf der Bühne zeigen währenddessen einen Sommer lang Can-Can-Tänzerinnen fliegende Rüschenröcke und viel Bein vor johlendem Publikum.

Arleigh Wong ist eine der jungen Can-Can-Tänzerinnen und erzählt von Nuggets, die sie nach der Show von begeisterten Schürfern geschenkt bekommen hat. Zu den Glanzzeiten des Goldrausches sollen die Edelmetallklümpchen nach jedem Auftritt dutzendweise auf die Bühne geklappert sein. »Einmal«, erzählt die lebenslustige Arleigh, »hat mir ein Schürfer ein paar Dollars für die Spielautomaten gegeben. Ich habe damit tausend Dollars aus den Einarmigen Banditen herausgeholt. Wir haben uns den Gewinn geteilt und sind zusammen feiern gegangen.«

Eigenartig ist auch der Golfplatz von Dawson.

Hier gelten ein paar Sonderregeln – zum Beispiel für den nicht eben seltenen Fall, daß Raben den Golfball klauen. »Dann darf man ohne Minuspunkt von der Stelle aus weiterspielen, wo der Ball zuletzt gesehen wurde oder gelegen haben könnte«, erzählt John Kostelnik, der Manager des Grüns. »Mich würde es nicht mal mehr überraschen, wenn die Raben künftig auch Bälle im Flug schnappen würden.« Wird der Ball von Hund oder Pferd gestoppt, muß er von der Stelle weitergespielt werden, wo er liegengeblieben ist. Neu anfangen darf man, wenn während des Spiels plötzlich ein irritierter Wolf über den Platz läuft oder ein Bär die Fahne umrennt und man sich kurzzeitig in Sicherheit bringen mußte. Dabei machen die Golfer nach Kräften auf sich aufmerksam. Das Mitternachtsturnier am 21. Juni beispielsweise, dem längsten Tag des Jahres, wird mit einer Gewehrsalve eröffnet, damit so erstmal die treudoofen Elche vom Grün gescheucht werden, die sich hier nachts breitmachen.

Simon hat den Wagen voller Lebensmittel gepackt und steuert sein Haus am Waldrand an. Die Regenrinne ist mit Nagelbrettern gesichert: »Damit die Bären nicht aufs Dach kommen«, sagt er. »Neulich war einer drauf und hat mir die Scheibe der Dachluke eingeschlagen. Ein dummes Gefühl. Seitdem liegen die Nagelbretter dort.« Er zuckt mit den Schultern.

»Man sollte abends immer früh kochen«, rät Simon. »Bevor die Wasserleitung zufriert.« Das geschieht selbst Anfang Juni noch regelmäßig bei minus vier, minus fünf Grad. In der Nacht auf Pfingstsonntag hat Simon minus 14 Grad gemessen.

Scott McDougall ist der typische Yukon-Naturbursche. Jeans, kariertes Holzfällerhemd, Bart, dazu kräftiger Händedruck und freundschaftliche Herzlichkeit auf Anhieb. Seit sechzehn Jahren lebt er hier, und angefangen hat alles damit, daß er den Unter-Tage-Job im Bergbau zu Hause in Ostkanada zu finster fand und meinte, es müsse mehr geben im Leben. Er nahm seinen alten Mini-Van, packte ihn mit seinem gesamten Hab und Gut voll und machte sich auf den Weg nach Nordwesten. Das Ziel kannte er nur von der Landkarte, aus Erzählungen und aus Jack Londons Abenteuerroman »Ruf der Wildnis«: Yukon – »Der Name hatte Klang, und die Gegend war dünn besiedelt«.

Scott stellte im Wald bei Whitehorse sein Zelt auf und lebte zunächst ein Jahr lang mitten in der Natur. Bei Tageslicht statt Unter Tage – und ohne Geräusche, die über Blätterrauschen und Vogelstimmen hinausgingen. Er verliebte sich in diese Gegend, hat sich geschworen, nie mehr von hier wegzugehen und vermietet heute Kanus und Trekkingausrüstungen an Touristen, die einen Urlaub lang Yukon- und Klondike-River erkunden wollen.

Im Winter, wenn der Fluß zugefroren ist und es keinen einzigen Fremden in die unwirtliche Kälte verschlägt, jobt Scott für die Nationalparkbehörde und fliegt mit seinem kleinen Propellerflugzeug mit Sonderaufträgen in die entlegensten Winkel des Yukon Territory bis hinauf nach Eagle Plains, zu den Inuit am Eismeer und nach Herschel Island. »Kälte stört mich nicht. Nur Hitze. 25 Grad sind das Äußerste für mich.«

»Du sitzt am Ufer des Yukon-Rivers auf einem Felsen«, schwärmt Scott. »Du schaust den Fluß entlang, der diesen legendären Klang nach Wildnis im Namen führt. Du hörst das Rauschen des auffrischenden Windes in den Tannen und Birken, siehst hoch oben am Himmel einen Adler seine Bahnen ziehen. Du träumst dich davon. Immer tiefer in diese friedvolle Einsamkeit hinein.« Scott bereitet frischgefangenen Lachs am Lagerfeuer zu. Ein Geräusch durchbricht die Stille: das gleichmäßige Schlagen eines Paddels. Ein Kanute, der auch auf dem Fluß unterwegs ist – noch jemand, den es in die Einsamkeit, ins Land des über hundert Jahre zurückliegenden Goldrausches gezogen hat. Noch jemand, der all diese Geschichten hören wird. Stories aus dem fernen Land ganz im Nordwesten Kanadas. Dort, wo die Leute nicht gerne gesehen sind, die die Regeln machen.

Vom Winde zerzaust

»Stormwatching« am Pazifik: Schwarzbären bei der Morgenwäsche

Im Hotelzimmer gibt es keinen Fernseher: warum auch. Es hat ja Fenster. Draußen laufen Tag und Nacht die neuesten Folgen von Sielmanns Tiergeschichten: vom Ufer aus nach Fischen hangelnde Bären, kleine Kabbeleien unter Bibern, balzende Otter, spielende Wale in nur ein paar Metern Entfernung und kreisende Weißkopfseeadler als neugierige Beobachter ein paar Etagen höher am Himmel. Ein bißchen tierische Seifenoper, ein bißchen Abenteuerepos – und keine Sekunde langweilig. Die Bühne all dieser Tiere heißt Quait Bay im Clayoquot Sound an der Westküste von Vancouver Island. Der Livemitschnitt ihres Lebens wird ganztags gesendet – wann immer man aus dem Fenster schaut. Und nie wird er durch Werbung unterbrochen.

Randy Goddard, fünfzig, hat jahrelang Autos von Ford in Toronto verkauft und sich im Urlaub in eine Gegend verliebt, die jetzt seine Heimat geworden ist und einen großen Vorteil hat: Man kann mit einem Ford nichts anfangen. Der Landstrich muß ohne Straßen auskommen, und sein Hotel inmitten der Einsamkeit ist nur per Boot oder Wasserflugzeug erreichbar.

Randy hat ein schwimmendes Hotel zimmern lassen – ein Hausboot mit 16 Zimmern. Er hat es in die windgeschützte Quait Bay im fjordartigen Clayoquot Sound schleppen lassen und dort Anker geworfen – zwanzig Schnellboot-Minuten von der nur zwölfhundert Einwohner starken Ortschaft Tofino entfernt, fünf Fahrtstunden von der Großstadt Victoria. Im Gewirr der abertausend Inseln und Buchten würde niemand das Hausboothotel durch Zufall finden. Was wie ein Nachteil klingt, ist Absicht – und ein großer Vorteil.

Vancouver Island vor der Westküste Kanadas ist ungefähr halb so groß wie Irland und bringt es doch nur auf eine halbe Million Einwohner, während die Grüne Insel es zum Vergleich auf 5,3 Millionen Menschen bringt. Zwei Straßen – eine Nord-Süd- und eine Ost-West-Achse – erschließen nur den kleinsten Teil der Pazifikinsel. Und am dünnsten besiedelt ist die Westküste, wo sich unberührte Urwälder mit bis zu achtzig Meter hohen und achthundert Jahre alten Douglastannen über die Hänge der Berge erstrecken.

Unter den 1200 Seelen von Tofino geht es so familiär zu, daß an der Leuchttafel der Tankstelle am Ortseingang nicht Benzinpreise, sondern Geburtstagsgrüße in dicken Lettern prangen – diesen Morgen »Happy Birthday Judy Midland!«

Gäste in der Wildnis der Quait Bay können absolute Ruhe fernab von Industrie und Großstadtrummel genießen, die Zaubereien des Sternekochs Timothy May im Bordsalon probieren und anschließend von Deck aus den klaren Sternenhimmel bestaunen. Allenfalls brummt mal ein Wasserflugzeug durch die Stille. Sie können über eine Gangway an Land steigen und in den Fichtenwäldern der menschenleeren Region wandern, die an den Pacific-Rim-National-Park grenzt. Sie können ausreiten, per Kanu durch die Fjordlandschaft paddeln, auf Angelausflug gehen, zur Walbeobachtung auf den Pazifik hinausfahren – oder zum Rundflug per Wasserflugzeug starten.

Dave Jacques hat siebentausend Flugstunden auf dem Buckel und ist zwei Jahre jünger als seine De Havilland Beaver Baujahr 1953. Auf dem Armaturenbrett klebt ein Sticker mit der Warnung »Drehzahlmesser defekt – immer 100 Umdrehungen abziehen!«. Dave läßt das kalt. Jeden Tag fliegt er mit seiner treuen alten Mühle zur Walbeobachtung hinaus und kreist über Orca-Familien, die in den Fjorden spielen. Manche bleiben das ganze Jahr, die meisten sind auf der Durchreise – von März bis Mai Richtung Norden, im September und Oktober zurück in den Süden. 21.000 Wale werden jedes Jahr gezählt.

»Am tollsten«, schwärmt Dave, »ist es hier draußen sehr früh morgens, wenn die Sonne gerade herausgekommen ist und die geisterhaften Nebelschwaden sich lichten. Die Indianer sind mit ihren Kuttern dann längst zum Krabbenfischen unterwegs, und die Wildnis erwacht. Du siehst aus den Cockpitfenstern Schwarzbären bei der Morgenwäsche im Fjord, Adler beim Aufbruch aus ihren Nestern hoch oben in den Sitka- und Douglastannen.« Dave mag Städte nicht und findet an Tofino am besten, daß es kein McDonald's gibt: »Sowas gehört in die Metropolen oder an den Highway, nicht zu uns.« Er beißt da lieber in der Sea Shanty Bar in einen »Original Oyster Burger« für 8,50 Dollar – ein Sesambrötchen mit gebackenen Fjord-Austern, Zwiebeln und Käse. Jedem das Seine.

Randy arbeitet eng mit den Clayaquot-Indianern der Region zusammen, die ihm als Kanu-Guides helfen und interessierte Fremde in ihrem Dorf Ahousaht mit den Traditionen der Ureinwohner vertraut machen. Häuptling Angus war von der Hausbootidee sofort begeistert. Alles, was nichts mit dem verhaßten Abholzen der Urwälder zu tun hat und es womöglich sogar verhindern hilft, ist den Indianern recht. »Unsere Heimat«, sagt er, »ist etwas Besonderes, eine spirituelle Gegend mit einer geheimnisvollen Mystik. Sie ist mehr als die Summe ihrer Teile. Und jeder Baum ist ein Teil von ihr.«

Gestern Abend hat Aurora Paterson Antares wieder in die Freiheit entlassen. Drei Monate lang war er ihr Gast in Tofino. Jetzt dreht er eine Ehrenrunde hoch über ihrem Haus, als wollte er sich bedanken. Die fröhliche Frau mit den wachen, hellblauen Augen pflegt seit zehn Jahren verletzte Wildvögel gesund. »Ihren« Weißkopfseeadlern gibt sie die Namen von Sternen. Antares war mit einer Schußwunde im Flügel an der Straße nach Tofino gefunden worden. Wilderer hatten es offenbar auf ihn abgesehen. Im Schnitt 130 Vögel rettet Aurora (»Rori«) pro Jahr – ehrenamtlich und nach Feierabend. Im Hauptberuf ist sie die Krankenschwester von Tofino.

Der Wind tanzt durch die Tonleiter, wirbelt den Klang der Querflöte durcheinander und mischt die Noten neu. Er trägt die Musik vom menschenleeren Strand der Secret Cove herauf zu den Fenstern und Balkonen des Wickaninnish Inn bei Tofino. Er tut das im Sommer dreimal pro Woche kurz vor Sonnenuntergang, wenn Martina Peladeau dort aus dem Redwoodwäldchen mit seinen über tausend Jahre alten Baumriesen hervortritt, sich auf einen Felsen hockt und eine Stunde lang spielt, was ihr in den Sinn kommt. Wenn ihre Fingerspitzen die Gedanken auf die Öffnungen der Flöte morsen, bis die Sonne im Pazifik versunken ist.

Mit Vorliebe spielt Martina Stücke von Bach, ab und zu eigene Kompositionen und Improvisationen. Sie zaubert ihre Musik dort in den Nachmittag, wo Unendlichkeit und Ewigkeit hinter den Wellen am Horizont verschmelzen. »The Pacific gives the rhythm«, sagt sie. Und während sie spielt, öffnen sich immer mehr Fenster, treten immer mehr verwunderte Hotelgäste auf ihre Balkone. Erst rätseln sie, woher der Klang kommt, dann entdecken sie Martina, schließen bald darauf die Augen, geben sich der Musik hin und applaudieren irgendwann.

Die Idee zu den abendlichen Konzerten am Rande der Wildnis hatte Hotelier Charles McDiarmid. Oft durchkreuzt das Wetter die Pläne. Wenn der immerwährende Wind zum Sturm anschwillt und die zarten Töne stiehlt, wechselt die 36jährige Martina ihre Bühne und spielt vorm Kaminfeuer in der Lobby des Hotels weiter, um die Gäste zu verzaubern.

Der Bolzplatz der Wellen heißt Chesterman Beach. Tausende Kilometer weit können sie ungehindert Anlauf nehmen, wenn sie irgendwo gegenüber in Asien ihre Reise über den Ozean beginnen.

Im Jahresmittel stürzen an der Westküste Vancouver Islands drei Meter Niederschlag vom Himmel, der größte Teil davon vom Herbst bis hinein ins nächste Frühjahr.

»Life is rough on the edge – das Leben ist hart am Rande der Zivilisation«, sagt Charles McDiarmid, wenn er nach dem Dinner zur vierten Schokoladenpraline greift. Dort, wo die Welt endet, hat er sich einen Traum erfüllt und vor vier Jahren hoch auf einem Felsen jenes Wickaninnish Inn erbaut –

ein Edelhotel fast ganz aus Holz. Das 46-Zimmer-Adlernest am Chesterman Beach ist bei Sturm an drei Seiten von Wasser umgeben wie eine uneinnehmbare Festung. Nur die schmale Straßenzufahrt an der Rückseite spart der zürnende Pazifik gnädig aus und macht das Haus so zum Logenplatz mit bestem Blick auf die Naturgewalten.

McDiarmid litt unter der allzu kurzen Saison und hatte die rettende Idee, schlechtes Wetter als Attraktion zu feiern und *stormwatching* im Anschluß an die Monate der Walbeobachtung ins Leben zu rufen. Seitdem läuft sein Hotel in der rauhen Nebensaison besonders gut – Zeiten, in denen es in der Vergangenheit niemanden in diese Gegend zog.

Wenn die Sonne scheint und es windstill ist, werden seine Gäste sauer. Schließlich kommen sie wegen des schlechten Wetters. Wegen der dramatisch aufgetürmten Wolkenberge, die rasend schnell über den Himmel gepeitscht werden. Wegen der Pazifikwellen, die meterhoch aufgetürmt gegen Felsen und Fensterscheiben krachen.

Lieblingsplatz der Stormwatcher sind die Badewannen der Meerblickzimmer, wo Panoramafenster vom Fußboden bis zur Decke reichen. Gischt spritzt gegen die Scheiben, als ob die Wellen direkt in die Wanne spülen wollten. Regen trommelt im Stakkato, während auf dem gemauerten Badewannensims Tee und Pralinen warten. Mistwetter als Ereignis. Da ist es stimmig, daß der Inneneinrichter die Stühle aus Treibholz zusammenzimmern ließ.

Vorposten Richtung Urgewalt ist das Sterne-Restaurant The Pointe des Hotels, das auf Stelzen in den Klippen verankert ist und gerade zum besten Restaurant Kanadas gewählt wurde. Gäste schweben seitdem per Hubschrauber aus Vancouver und sogar aus Seattle im benachbarten US-Bundesstaat Washington ein – allerdings nur, wenn der Wind mal nachläßt.

Außenmikrofone im Dachgebälk übertragen bei Sturm das Wellentosen ins Innere, wo sich die Sinfonie aus Wind und Wasser mit Wagnerklängen von der CD mischt, während Küchenchef Jim Garraway in Pfeffer und Honig marinierten Lachs und Basilikum-Lobster-Medaillons auffahren läßt.

Kristall klirrt, wenn Feinschmecker sich mit ungeahnt gutem Wein aus Vancouver Island zuprosten. Oft gibt es nur vierhundert Flaschen pro Lage und Jahrgang, oft kauft Charles sie alle auf. Derzeitiger Favorit ist ein Weingut aus der Gegend der Inselhauptstadt Victoria, das den mäßig klangvollen Namen Venturi Schulze trägt.

Manchmal spielt Martina abends im Restaurant – dann, wenn die Mikrofone im Gebälk abgeschaltet sind, der Pazifik sich eine Auszeit gönnt und sich spiegelglatt unter dem klaren Sternenhimmel über die Erdkugel wölbt. Der Blick der deutschstämmigen Musikerin, die ihr bislang größtes Konzert vor 150 Zuhörern auf dem Wildnis-Golfplatz von Tofino gegeben hat und seit 1986 in diesem Ort lebt, taucht dann in der Ferne irgendwo weit hinter den Panoramafenstern ab – dort, wo im Licht einer Taschenlampe eine Gestalt über das angeschwemmte Treibholz an der Chesterman Beach turnt.

Bildhauer Henry Nolla bei der Sichtung seiner »Rohlinge«. In seinem windschiefen Atelier direkt am Strand schnitzt er bei Wind und Wetter riesige Skulpturen mit indianischen Motiven, die ihm von Sammlern aus der Hand gerissen werden, noch bevor er fertig ist. Inspirieren läßt sich der alte

Mann von der Weite des Pazifiks, vom Donnerkrachen der meterhohen Wellen. Das Holz zum Schnitzen bekommt er zweimal täglich direkt vor der Haustür abgelegt. Sein Lieferant ist die Flut. Gratis und ohne Bestellschein. Nur beeilen muß er sich. Was er nicht schnell hinters Haus schleppt, nimmt die Ebbe sechs Stunden später wieder mit. Stormwatcher-Kurierdienst auf kanadisch. »Niemand kommt wegen Sonnenscheins hierher. Alle werden magisch angezogen von den Naturgewalten«, philosophiert er und hämmert den Rhythmus der Wellen in seine nächste Skulptur.

Eine Riesencola auf die Königin

Zwischen Ritterburg und Disneyland: Beobachtungen in der Hauptstadt der Provinz British Columbia

Chuck aus Kentucky ist begeistert. Er hockt bei McDonald's und schwärmt: So habe er sich Europa immer vorgestellt: »Wunderschön. Alte Häuser, gepflegte Parks, so viele Details. Und jeden Nachmittag Teatime!« Siebzig mußte er werden, ehe er sich diesen Urlaub gegönnt hat. »Und jeden Moment könnte die Königin um die Ecke biegen!« Das wäre für ihn das Allergrößte. Daß sie meistens 7.500 Kilometer weit weg residiert und die Wahrscheinlichkeit einer Zufallsbegegnung in derselben Größenordnung rangiert, wie beim Lachsangeln vom Meteoriten erschlagen zu werden, ficht ihn nicht weiter an: »Maybe I will see her this afternoon.« Vielleicht. Der Amerikaner ist glücklich, schlürft an seiner Riesencola und rückt die Baseballkappe zurecht. »Best Haircut in Town« ist dort in Goldbuchstaben auf blauem Grund eingestickt – Werbung seines Friseurs, obwohl bei dem alten Herrn nicht viel falsch zu machen war. Die meisten Haare hatten seinen Kopf bereits verlassen.

Amerikaner lieben Victoria auf Vancouver Island, die Hauptstadt der kanadischen Provinz British Columbia, weil alles so herrlich europäisch aussieht – genau wie in den Filmen aus der »alten Welt«, wie in den Reality-Seifenopern übers britische Königshaus in den vielen Klatsch-Fernsehsendungen am Nachmittag. Türmchen und Erker an den viktorianischen Häusern, wehende Fahnen in den Gassen, ein Ambiente irgendwo zwischen Ritterburg und Disneyland. Alles echt, alles unglaubwürdig sauber, alles friedlich, freundlich, entspannt – und so ideal gelegen, als hätte sich ein milliardenschwerer Investor in der Mitte des 19. Jahrhunderts genau überlegt, Victoria der optimalen Vermarktung wegen exakt hier an der Meerenge der Juan de Fuca Strait zu gründen. Hervorgegangen ist die Stadt aus einem Handelsposten der Hudson Bay Company.

Das Klima ist das mildeste ganz Kanadas – bereits frühlingshaft, wenn es anderswo auf der Insel noch schneit. Der Herbst ist warm und sonnig, wenn hundert Kilometer weiter nordwestlich bereits die Stürme toben. Vancouver ist zwanzig Flugminuten oder drei Fährstunden entfernt, die schneebedeckten Gipfel der Olympic Mountains im US-Bundesstaat Washington sind in Sichtweite, und fast jeder Blick streift das Meer. Segelboote und Wasserflugzeuge scheinen sich das Hafenbecken brüderlich zu teilen.

So europäisch die Stadt auf Amerikaner wirkt – so angenehm kanadisch finden sie die Europäer. Nordamerika light, alles ein bißchen vertrauter als etwa in Los Angeles, legerer und weit weniger hektisch als etwa in New York. Wie USA in Zeitlupe. Auch Japaner scheinen die Stadt pauschal ins Herz geschlossen zu haben, weil es so vieles zu filmen gibt, was ganz anders aussieht als in Tokio. Jedenfalls fallen sie scharenweise mit einer Jahresproduktion Camcorder im Gepäck ein und betrachten die Umgebung meist durchs Objektiv.

Victoria, heute 290.000 Einwohner stark, ist ein Bilderbuchstädtchen, das ganz ohne Wolkenkratzer auskommt und stattdessen ein Standbild von Queen Victoria im Park des Parlamentsgebäudes aufweist. Nicht weit davon ist ein Totempfahlensemble in den englischen Rasen eingegraben. Multikulti auf kanadisch. Ein weiteres Standbild erinnert an Captain James Cook, den ersten Europäer, der die Pazifikküste der Region erkundete. Scherzbolde haben dem Bronzegesellen diesen Morgen eine rote Tulpe in die Hand gedrückt. Flowerpower in der kanadischen Westküstenvariante.

Natürlich ist Queen Elizabeth, immerhin bis heute auch Königin von Kanada und mit ihrem Konterfei auf den Geldscheinen präsent, auch schon in Victoria gewesen. Standesgemäß hat sie damals im Hotel Empress residiert, das mit seiner britischen Schloßarchitektur Wahrzeichen der Stadt ist. Und weil sich jeder Gast königlich fühlen soll, gibt es auf der Tastatur der Zimmertelefone sogar einen Button mit dem Schriftzug »Press For Royal Treatment«. Am anderen Ende meldet sich dann umgehend eine Stimme, die bereit ist, prompt jeden seriösen Wunsch zu erfüllen und aus einfachen Serviceleistungen echten Genuß macht: »Möchten Sie zu Ihrem Weckruf auch Tee oder Kaffee?«

Die Souvenirshops des Hauses sind vollgestellt mit Camcorder-Japanern, die jeden Laden filmen und fast alles, was von ihrer Linse erfaßt wird, anschließend kaufen möchten: Inuit-Kunst für abertausende, originelle (Plüsch-)Otter aus der Dose für 15 Dollar, eingeschweißten Lachs in buntbedruckter Vakuumverpackung – Einlage ungekühlt haltbar bis exakt zum Sankt-Nimmerleinstag und geschmacklich nicht weit von Ventildichtungen entfernt. Ein paar Schritte weiter im Tartan Shop, wo es vor Karos in unzähligen Variationen nur so wimmelt, hat Chuck am Morgen einen Kilt erstanden. Am Abend zum Dinner im vornehmen Restaurant

The Empress Room des 1908 erbauten Hotels will er ihn erstmals ausführen.

Wesentlich öfter und zahlreicher als Monarchen sind Wale in Victoria zu Gast. Zu tausenden ziehen sie jedes Frühjahr und jeden Herbst an der Südspitze von Vancouver Island vorbei und bescheren den Touristen eine uneuropäische Zusatzattraktion. Monarchie ist da nur indirekt im Spiel: Eines der Boote aus der Whalewatcherflotte heißt kühn »Prince of Whales«.

Morgens und am späten Nachmittag sind es die Aktentaschenträger, die am Inner Harbour für Bewegung sorgen. In dunklen Zweireihern springen sie über die Holzstege und verschwinden in den Wasserflugzeugen – mit »West Coast Air« auf Kufen für 79 Dollar hinüber nach Seattle, ein kurzer Hüpfer von Hafen zu Hafen.

Ein paar Meter weiter haben Alternative erst den Hafenrand erobert und gleich danach die Herzen der Schaulustigen: Livemusik und Kabarett, Stand-up-Comedy und geschmetterte Opernarien an der Promenade – den Pazifik immer in Sichtweite. Am Kultigsten ist ein vielleicht sechzigjähriger Spähippie mit Rauschebart und Bernsteinkettchen, mit Lederarmbändern und coolem Halstuch, aber ohne Hemd. Oben ohne hämmert er wie in Ekstase indianische Rhythmen aufs Leder seiner Trommel, immer schneller, immer heftiger. Pausen nutzt er für Späßchen, die niemandem weh tun, für flapsige Bemerkungen in Richtung der Passanten. »Hey, best haircut in town!« ruft er, als Chuck aus Kentucky vorbeischlendert und reckt zur Bestätigung den rechten Daumen in die Höhe. Chuck ist irgendwie irritiert und bedankt sich ebenso artig wie flüchtig für das rätselhafte Kompliment.

Weiße Fahrradrikschas schaukeln währenddessen durch die Straßen des ältesten Chinatowns von Nordamerika. Einige tausend Chinesen leben dort noch heute links und rechts von Fisgard- und Government-Street mitten in Victoria. Fernöstliche Löwenstatuen bewachen das pagodenartige Tor zu ihrem Viertel, unter dem die roten Ausflugsdoppeldeckerbusse mit der wahrheitswidrigen Aufschrift Gray Line nur knapp hindurchpassen. Straßenschilder sind zweisprachig in Englisch und Mandarin, die Auslagen der Geschäfte eindeutig außerkanadisch: getrocknete Riesenpilze, Glückskekse und Glasnudeln, exotisches Obst und fremdartiges Gemüse.

Sinclair Philip kauft hier öfters ein, wenn er kuriose Zutaten für die ständig wechselnden Menüs in seinem Hotelrestaurant Sooke Harbour House vor den Toren von Victoria braucht. Möglichst vieles aber baut er im eigenen Garten an, pflückt oder sammelt er in den Wäldern oder an den Stränden – bis hin zu einer Muschelart, die nirgendwo sonst zubereitet wird. »Eßbare Landschaft« nennt er seinen Garten. »Wir haben die meisten Rezepte von den Indianern«, erzählt der bärtige Quebecer, der mal Universitätsdozent war, ehe es ihn in die Gastronomie gezogen hat. Kulinarisch beraten läßt er sich von Nancy Turner, die 28 Bücher über indianische Küche verfaßt und sich der Überlieferung fast vergessenen Wissens verschrieben hat. »Die besten Zutaten«, sagt Sinclair, »kommen aus der Region, weil alles, was hier heimisch ist, ohne Dünger, ohne Chemikalien und ohne Transport auskommt.« Sein Lebensmotto stammt von Mark Twain und ist gut sichtbar in ein Kissen in der Lobby eingestickt: »All saints can do miracles, but few of them can keep a hotel – alle Heiligen können Wunder vollbringen, aber die wenigsten davon können ein Hotel führen.« Man braucht in dieser Gegend offenbar gut lesbare und leicht vermittelbare Lebensmotti und Slogans. Und Mark Twain zu zitieren, wirkt zumindest schlauer als »Best Haircut in Town« – auch wenn der Friseurslogan irgendwie herzlicher ist.

Vom Nichts nach Nirgendwo

Kanadas Norden: das Gefühl grenzenloser Freiheit

Die Straße hat hier längst keinen Namen mehr, ist nur noch ein schmales, holpriges Asphaltband, das sich urplötzlich im Nichts verliert: ein Sandhaufen als Poller dort, wo die Welt endet und das Nirgendwo beginnt. Nicht einmal eine Schotterpiste führt von hier aus weiter nordwärts in die vermooste Tundra, in die tausende Kilometer weite Landschaft aus Krüppelkiefern, Flechten, Moosen, Steinen und reißenden Flüssen – dreihunderttausend Quadratkilometer Wildnis, eine Gegend wie am fünften Schöpfungstag, wo noch niemand die Anfänge der Zeiten aufgeräumt hat. Red Bay heißt dieses Nest, in dem die Welt endet. Und im letzten Haus am Ende der Straße wohnt und arbeitet Norma, die vor fast drei Jahrzehnten an derselben Stelle zur Welt gekommen ist. »Norma's Hair Salon – open Tuesday to Saturday« steht unauffällig über der Tür, denn ihre Kunden kennen Norma, und mit Laufkundschaft ist ohnehin nicht zu rechnen: Norma, eine schüchterne Dunkelhaarige mit freundlichem Lachen, betreibt den Friseursalon von Red Bay in Labrador, schwingt Kamm und Schere dort, wo Kanada noch Pionierland ist, im Sommer die Moose in subarktischer Schönheit schillern und im Winter der Schnee zwei Meter hoch liegt und nur die Spitzen der Telefonmasten noch den Straßenverlauf markieren. Der überirdisch gleich neben der Piste verlegte Draht ist die Lebensader Labradors. Wo er verläuft, zeigt er an, daß irgendwo an seinem Ende noch Menschen mitten in der Einsamkeit zu Hause sind.

Normas Postanschrift muß auch hochoffiziell ganz ohne einen Straßennamen auskommen: AOK 4 KL Red Bay, Labrador, Canada. Was sollte er auch? Straßennamen sind überflüssig in einer Gegend, wo jeder jeden kennt und beim Vornamen nennt – den Postboten eingeschlossen. Eine Karte für Norma? Ok. Das letzte Haus. Post fürs Walfängermuseum am Hafen? Jeder kennt es. Ein Päckchen aus Übersee für den Pastor? Kein Problem. Einfach AOK 4 KL Red Bay. Friedliche Welt: Die Haustüren sind meist unverschlossen, die Polizisten unbewaffnet.

Weniger als 25.000 Menschen leben in ganz Labrador, weniger als fünftausend in den Gemeinden der Südküste Labradors (»Labrador Straits«) zwischen Anse aux Clair im Westen und Red Bay im Osten. Dreh- und Angelpunkt ist der kleine Flughafen von Blanc-Sablon, von dem aus der Highway 510 nur vierzig Kilometer weit nach Osten in die Nachbarprovinz Québec hineinreicht und sich in Gegenrichtung fünfzig Kilometer weit bis Red Bay erstreckt, einst gegründet als Siedlung baskischer Walfänger, die hier vor vier Jahrhunderten während der Sommermonate Station machten: neunzig Kilometer Straße vom Nichts nach Nirgendwo.

Norma Hillyard jedenfalls findet es ganz normal, hier zu leben und zu arbeiten, versteht nicht einmal die Frage, ob sie gerne in eine größere Stadt oder eine wärmere Gegend ziehen würde: »Warum?« Wegziehen kommt für keinen der Einheimischen in Frage, denn das Labrador-Lebensgefühl heißt »Freiheit«. Kaum anderswo wäre dieses Maß fast grenzenloser Freiheit zu finden, kaum anderswo dieser Thrill zu spüren, bei mindestens jedem zweiten Spaziergang Land zu betreten, auf das wahrscheinlich seit Anbeginn der Zeiten noch kein Mensch zuvor einen Fuß gesetzt hat, sofern man nur die Straße verläßt und irgendwo links oder rechts davon auf den Moosteppichen wandert oder hinter Normas Haus ein paar Kilometer weiter Richtung Norden stapft. Und auch die Arbeit nimmt nicht überhand: »Wir sind hier 350 Leute in Red Bay. Das ist überschaubar. Jeder kennt jeden, keiner muß Schlange stehen. Und manchmal kommen ein paar Kunden aus den kleinen Nachbarorten Pinware oder West St. Modeste, ab und zu ein Fremder, der sich in einer Holzhütte am reißenden Pinware River zum Angelurlaub einquartiert hat, zwei Wochen lang als Zivilisationsflüchtling Aussteigerurlaub inmitten der Natur gemacht, nichts als Lachse gefischt hat und nun vor der Rückkehr in seine Großstadtheimat irgendwo im Süden Kanadas oder der USA vom Einsiedlerlook befreit und wieder frisch gefönt werden möchte.«

Norma freut sich über jeden, mit dem sie ein wenig plaudern kann, während sie schneidet oder in der Kiste mit den bunten Lockenwicklern kramt. Das Geld, das sie damit verdient, kann die Familie gut gebrauchen: Ihr Mann Darrell, 26 Jahre alt, ist Hochseeshrimpfischer und zur Zeit arbeitslos. Der kleine Sohn ist gerade mal zweieinhalb Jahre alt. Während sie all das erzählt, mischt sich unter das morgendliche Vogelgezwitscher ein merkwürdiges Knirschen und Ächzen: Die letzten Eisschollen des langen Winters reiben sich draußen in der Bucht unter der Sommersonne aneinander, zerbrechen, schmelzen langsam vor sich hin. Kinder, die hier vermutlich bereits mit Salzwasser in den Adern zur Welt kommen, spielen in T-Shirts und kurzen

Hosen vor den Nachbarhäusern. Zwölf Grad zeigt das Thermometer. Ein warmer Tag heute. Ab und zu kann es zwanzig Grad warm werden, in durchschnittlichen Wintern minus dreißig Grad kalt.

In der Bar des Northern-Light-Inn-Hotels in Anse aux Clair geht es zu wie in einer Fernfahrerkneipe, nur daß keiner der Typen, die hier ihr Black-Horse-Bier zischen, fern fahren könnte: Wohin auch? Maximal neunzig Kilometer Straße limitieren die Möglichkeiten für Trucker, und auch mit der Fähre Northern Princess aus dem eineinhalb Bootsstunden entfernten St. Barbe auf Neufundland kommen nur ab und zu Lastwagen mit Lebensmitteln herüber. Füllig, kräftig, humorvoll sind die Männer hier. Hungrig und durstig auch. Eigentlich genau so, wie man sich Lastwagenfahrer vorstellt. Am Tresen tauschen sie die neuesten Geschichten aus: »Schon gehört? Eileen hat den alten Chuck geheiratet, Joe endlich rechtzeitig vorm nächsten Winter seinen Motorschlitten repariert, Curtis gestern sieben Lachse gefischt und Tom einen Schwarzbären von seinem Grundstück verscheucht, der vorher ein Blumenbeet zertrampelt hat und gerade Richtung Wäscheleine marschiert ist. Tom soll ziemlich wütend wegen der Blumen gewesen sein.« Alle lachen, der Barkeeper grinst von einer Zahnlücke zur anderen. Tratsch und Geschichten einer kleinen Welt. Wer mittrinken, mitsingen und miterzählen will, ist gern gesehen.

Eine Sekunde lang wenden sich plötzlich alle Blicke in die rechte, hintere Ecke des Raumes: ohrenbetäubendes Rasseln, als hätte gerade jemand eine Kiste Schrauben in einem der Drug Stores umgeschüttet. Der Mann in der Ecke aber strahlt. Was solchen Lärm macht, sind kanadische Dollars, die aus dem Einarmigen Banditen rappeln. Jackpot für Spielernatur Simon, eine Lokalrunde für die anderen. Hier treffen sich die Männer der Labrador Straits: diesen Abend mehrere Fischer, ein Bootsbauer, ein Tankwart, zwei Polizisten, ein paar Durchreisende, darunter nur einer, der tatsächlich Truck-Käpt'n ist. Zwei Handelsvertreter sitzen abseits und futtern Pfannkuchen mit gelben Backeapple-Beeren aus den Wäldern der Umgebung.

»Was das Labrador-Feeling ausmacht, fragst du?« wiederholt Pilot Sean, der hier als Exot gilt, weil er mal in Europa gewesen ist. »Mein Sohn, das kann ich dir sagen.« Trotzdem überlegt er einen Moment, als stünde nun sein großer Talkshowauftritt bevor, spannt mit den Fingern unbewußt seine karierten Hosenträger, holt tief Luft und legt endlich los: »Wenn du innerhalb Labradors zum Beispiel von hier im Süden aus nach Goose Bay oder Labrador City oder ganz hoch hinauf zu den Inuit nach Cape Uivak fliegst, dann ist das, als ob du von Paris über Warschau nach Oslo jettest. Und im Unterschied zu euch in Europa kennen wir hier in jedem Ort Labradors ein paar Leute. Du reist durch ein Land, das sich so weit erstreckt wie Mitteleuropa und triffst – wo immer du landest – Freunde. Du kennst fast jeden Einheimischen dort. Das schweißt zusammen. Das ist ein freudiges Kribbeln im Magen, ein Wahnsinnsgefühl, ständig Wiedersehensfreude wie in einer großen Familie. Labrador ist Pionierland, der Lebensinbegriff Freedom, Freiheit.« So. Jetzt ist's gesagt. Er läßt die Hosenträger zurückfluppen, rückt seine Hornbrille zurecht und ist stolz darauf, eine Lanze für seine geliebte Heimat gebrochen zu haben. Einer der Umstehenden klopft ihm auf die Schulter, zwei weitere prosten ihm zu.

Wer ein Haus in Labrador bauen will, der tut es. Wer Feuerholz in den Wäldern schlagen will, darf das. Egal wo. Das Land gehört niemandem. Jeder nimmt sich, was er braucht, und keiner der Leute hier würde je zu viel nehmen. Auch das ist es, was dieses Freiheitsgefühl ausmacht.

Mit unbändiger Kraft bricht das Wasser des Brador River durch die Schneise aus Felsen und stürzt in den Abgrund: Wasserfälle nur ein paar Schritte neben der Straße. Aufspritzende Gischt und Sonnenlicht zaubern einen winzigen Regenbogen an den Himmel. Drumherum Landschaften wie von einer anderen Welt. Das Auto wird zum Marsmobil. Links und rechts gleiten bemooste Hügel in allen denkbaren Grünschattierungen vorbei, dann rote Felsen. Nebel zieht die Berge hinauf, Wolken hängen diesen Morgen sehr tief am Horizont, weit hinten im Westen, verschmelzen mit dem Land – wie die alle Geheimnisse verhüllende Atmosphäre eines fernen Planeten. Irgendwann eröffnet sich von einer Bergkuppe ostwärts der Blick auf den Atlantik, auf die neun Kilometer breite und stets windgezauste Strait-of-Belle-Isle, die Labrador und Neufundland voneinander trennt. Du denkst, es ziehen jede Menge riesiger weißgetünchter Frachter unterschiedlichster Bauformen in Kolonnenfahrt vorbei, bis du merkst: Das alles sind Eisberge. Der stramme Nordostwind treibt die Eisriesen gut tausend Kilometer von Grönland herunter bis vor die Südküste Labradors, wo sie dann während des Sommers langsam schmelzen. Schiffbar jedenfalls ist die Strait-of-Belle-Isle jedes Jahr nur für wenige Monate. Und wenn wieder Eisberge die Zufahrt versperren, dann bleiben die Leuchtfeuer abgeschaltet. Der Leuchtturmwärter von Point Amour hat dann ein ruhiges Leben und kann umso mehr Zeit im Northern Light Inn zubringen, kann mitsingen und mittratschen. Und er kann in aller Ruhe einen Friseurtermin vereinbaren. Mit Norma ganz am Ende der Straße oben in Red Bay.

»Wale lieben Musik«

Mehrmals täglich schönes Wetter

»Wale lieben Musik«, sagt Loyola O'Brien, greift zum Mikrofon und schmettert irische Volksweisen vor der Küste Neufundlands in den Nordatlantik hinaus. Die erste Strophe ist zum Aufwärmen. Bei der zweiten beginnt Loyola an Deck seines Ausflugsboots zu tanzen. Bei der dritten klatschen die 22 Passagiere mit, die diesen Nachmittag seine »Wal- und Eisberg-Beobachtungskreuzfahrt« gebucht haben. Neufundländer feiern und singen gerne – am liebsten jene Lieder, deren Melodien wie irische Volksmusik klingen und deren Texte den harten Alltag der Fischer beschreiben. Auch die Begrüßungsformel beweist die Herkunft der Einwanderer: »Ciad mile failte« – gälisch für »Hunderttausend Willkommen«.

Loyola O'Brien ist keineswegs ein Spinner, denn der Erfolg stellt sich zu Beginn der vierten Strophe ein. Herb, der Weggefährte mit dem wettergegerbten Cousteau-Gesicht oben im Ausguck am Bug des Bootes, krächzt, »Whale ahead«, und rutscht unruhig auf seinem Beobachtungsposten hin und her. 23 Augenpaare richten sich erst auf ihn, dann Sekundenbruchteile später auf die Wellen des graublauen Atlantiks hier an der Eisberggrenze Ostkanadas. Blicke tasten die Wasseroberfläche ab, während Loyola mit abermals gesteigertem Engagement seine Songs schmettert.

Voraus in 15 Meter Entfernung taucht die Schwertflosse eines Buckelwales auf. Sein gewaltiger Rücken hebt sich aus dem eiskalten Ozean, eine nicht minder eindrucksvolle Fontäne schießt in den Himmel. Begeisterte »Ahs« und »Ohs« erklingen. Wie ein Peitschenhieb kracht die Schwanzflosse des Riesen wieder aufs Wasser und gleitet ab in die Tiefe. Dreimal wird der Wal an diesem Nachmittag noch an verschiedenen Seiten des Bootes auftauchen.

Herb strahlt und genießt es, immer wieder mit rauchiger Stimme »Whale ahead« gegen den Wind und Loyolas Melodien anzubrüllen. Leute wie er wären noch vor weniger als einem Jahrhundert oben im Mastkorb der Großsegler zur See gefahren und von dort selbst bei Orkan und Dauerregen nicht wegzubewegen gewesen.

Loyala ist überzeugt davon, daß einzig seine Lieder, seine »Walgesänge«, den Meeressäuger hervorgelockt haben. Er erfreut sich an den zufriedenen Gesichtern seiner Gäste und schippert mit langsamer Fahrt zurück in den Hafen von Bay Bulls – nicht ohne vorher einen der mächtigen Eisberge umrundet zu haben, die an der Küste Neufundlands vorbeidriften und keine zweihundert Kilometer weiter südlich geschmolzen sein werden. Zehntausend Jahre alte Kunstwerke, von der Natur modelliert.

»Vor Neufundlands Hauptstadt St. John's«, erzählt Loyola O'Brien, »werden einige der Eisberge neuerdings eingefangen, in den Hafen geschleppt, dort zum Zerbersten gebracht und in einer Destillerie als Wodka-Bestandteil verarbeitet.« Unter dem Namen »Iceberg Vodka« geht das Getränk vor allem in den USA über die Ladentische.

Die meisten der rund fünfhunderttausend Neufundländer sind Nachfahren irischer Einwanderer –

viele in der fünften, manche bereits in der zehnten Generation, allesamt sehr bodenständig, sehr herzlich. Und sehr heimatverbunden – auch der Mann, der jeden Morgen als erster Mensch in Nordamerika die Sonne aufgehen sieht und von Millionen anderen auf dem Kontinent um seinen Ausblick beneidet wird. Gerry Cantwell heißt er, ist Leuchtturmwärter von Cape Spear, dem östlichsten Punkt Nordamerikas nur ein paar Fahrtminuten von Neufundlands Hauptstadt St. John's entfernt.

Der dunkelhaarige Mittvierziger mit Augen wie ein Greifvogel hat den Job am Cape Spear vor Jahren von seinem Vater übernommen, ist damit aufgewachsen und findet wenig Besonderes daran. Nur gelegentlich läßt er sich zu ein bißchen Schwärmerei hinreißen: »An einem klaren Tag ist der Blick in den neuen Morgen atemberaubend. Du hast eine Tasse Tee in der Hand und staunst der aufgehenden Sonne entgegen. Du denkst, du bist alleine auf diesem Planeten, alleine mit der Natur, mit den Wellen, dem Wind, den Walen und den Eisbergen. Und doch«, er wischt die eigenen Worte mit einer Handbewegung weg, noch ehe sie richtig wirken konnten, »und doch ist es nichts Besonderes.« Er pafft an seiner Pfeife: » Es ist schlicht mein verdammt geliebter Alltag. That's it.«

Gerry ist ein typischer Neufundländer, meint Marc McCarthy, der ihn gut kennt: »Er denkt sich nicht viel dabei. Die Naturschönheit ist normal. Aber wenn er mal ein paar Tage von hier weg ist, dann vermißt er das Krachen der Eisberge, die klare Luft, den Geruch des Meeres, den ständigen abrupten Wechsel aus Sturm und Windstille, aus Regen und Sonnenschein.

»Der Wetterbericht? Ihr könnt ihn hören, aber

ihr dürft ihm nie glauben«, rät Loyola O'Brien. »Er stimmt nicht. Unser Wetter ändert sich jeden Moment: Nebel mit Sichtweite von unter zwanzig Metern, okay. Stahlblauer Himmel mit wunderbarem Sonnenschein, okay. Dichte Wolken, die Regen oder Schnee bringen – auch okay. Mehrmals täglich schönes Wetter, das ist Neufundland.«

Sein Hund wufft wie zur Bestätigung – ein kalbsgroßer Neufundländer, der auf den Namen »Cabot« hört. Wie der Seefahrer Giovanni »John« Cabot, dessen Landung in Neufundland sich 1997 zum fünfhundertsten Mal jährte. Er gilt als Entdecker dieser noch heute nur dünn besiedelten Insel im Nordatlantik – ein paar Jahre, bevor die O'Briens sich von Irland aus hierher aufmachten und Generationen lang als Fischer ihren Broterwerb bestritten, bis Fremde von weither im Urlaub nach Neufundland kamen und den Alltag zur Attraktion machten. Wale und Eisberge wollten sie sehen. Und Volkslieder hören ...

Jim Bessey hat in seinem Holzhaus am Cape Onion im Nordwesten Neufundlands eine Pension eröffnet. Zwanzig Fremde kamen im ersten Jahr, alle zwischen Juni und August. 35 Anmeldungen liegen für den kommenden Sommer vor.

Stundenlang sitzen Jim und seine Frau Sophie mit den Besuchern aus Deutschland und England am Küchentisch zusammen, essen Rührei mit Lachs und genießen es, über fremde Welten zu plaudern, über Eigenheiten des jeweils anderen. Jim kann sich nicht vorstellen, daß man in Mitteleuropa nicht überall und wo immer man will ein Haus bauen oder Feuerholz in den Wäldern schlagen darf. Gäste haben ihn aufgeklärt. Er glaubt, sie scherzen, fährt sich mit der Hand durchs graue Haar und spielte ein wenig verlegen mit dem roten Holz-Ahornblatt an seinem Schlüsselbund. »Hier stört das alles niemanden. Wir haben so viel Platz. Ihr könnt hundert Kilometer weit fahren und seht nur eine Handvoll Trucks oder Autos. Ihr könnt hundert Kilometer weit wandern und trefft niemanden. Ihr könnt tagelang an der Küste campen und begegnet allenfalls einem Fischer. Versteht ihr, warum ich Neufundland liebe?«

Hier hat sich wenig geändert, seit vor tausend Jahren im heutigen L'Anse aux Meadows die ersten Wikinger unter Erik dem Roten an Land gingen: die eigentlichen Entdecker Amerikas. Die Ausgrabungsstätte ihrer Siedlung bei St. Anthony ist von der Unesco zum schützens- und erhaltenswerten Weltkulturerbe der Menschheit erklärt worden.

Fährt man die vierhundert Kilometer lange »Straße der Wikinger« (»Viking Trail«) herunter bis Deer Lake, stößt man auf alte Fischersiedlungen, die sich im Windschatten der Buchten an die oft felsige Küste ducken. Hier, weiter im Südwesten Neufundlands, ist das Meer viel früher eisfrei als vor Cape Onion. Bunte Boote tanzen draußen auf den Wellen. Hummerfangkörbe türmen sich vor den Fischerhütten, um zum wiederholten Mal ausgebracht zu werden. Trucks transportieren die Schalentiere nach St. John's, von wo aus die Reise der Meeresdelikatesse weitergeht bis in jeden Winkel Kanadas. Und wenn die Größe des Babykostregals im Tante-Emma-Laden Rückschlüsse zuläßt, dann gibt es in diesem Winkel Neufundlands wenigstens keine Nachwuchssorgen.

Die Sonne spiegelt sich in ungezählten und oft namenlosen Seen, wird reflektiert von einzelnen Schneewehen an den Hängen der Tafelberge im

Gros Morne Nationalpark. Motorschlitten stehen inmitten der Butterblumen vor den Holzhäusern von Rocky Harbour. Gebraucht werden sie erst wieder Ende Oktober, wenn der erste Schnee fällt.

Vince McCarthy entpuppt sich als Weinkenner mitten in der dünn besiedelten Wildnis des Gros Morne Nationalparks. Der ambitionierte Hobbykoch, auch er Betreiber einer kleinen Pension, zaubert ungarischen Chardonnay aus dem Kühlschrank: in Kanada etwas Exotisches. Auch er hat dieses Glitzern in den Augen, wenn er von seiner Heimat erzählt, von wunderbaren Sommern und eisigen Wintern, vom Forellenfischen in klaren Flüssen und vom Sammeln der Beeren in den Wäldern, von Murmeltieren oben in den Bergen und trotteligen Elchen, die hier zu tausenden leben und gerne immer genau dann auf der Straße stehen bleiben und sich keinen Millimeter bewegen wollen, wenn endlich mal ein Auto vorbeikommt. Vince legt eine CD ein. Irische Volksmusik dudelt aus den Boxen im Wohnzimmer. Wäre Loyola O'Brien in der Nähe, die beiden würde sich umarmen und selber die Lieder ihrer Vorfahren anstimmen.

Nunavut – im Land der Inuit

Auf Great Baffin Island: vorausgereist ins arktische Abenteuerland

Polarman bekommt nicht viel mit von dem Rummel, vom Umbruch, für den fast dreißig Jahre lang gestritten und verhandelt wurde. Vom Aufbruch, der gleichzeitig Rückbesinnung auf eine verleugnete Vergangenheit ist. Der selbsternannte arktische Superheld mit Thermoanzug im Batmandesign, fledermausartiger schwarzer Sehschlitzstoffbrille und vielen Fragezeichen im Blick ist als Kind angeblich zu heiß gebadet worden – sagen die Inuit. Das ist in Nordkanada erheblicher als anderswo, wenn die winterlichen Außentemperaturen um die minus vierzig Grad liegen. Damals war er gerade vier. Den wirklichen Namen von Polarman haben die Leute in Iqaluit auf Great Baffin Island vergessen, und wahrscheinlich interessiert er sie auch nicht sehr. Man hat sich an den Jungen gewöhnt, der nicht alle Tassen im Eisschrank hat und ist insgeheim sogar ein bißchen stolz auf ihn. Ein eigener Superheld – das wirkt weltstädtisch. Niemand nimmt ihn ernst – und trotzdem veräppelt ihn nur selten jemand. Seit ungefähr fünfzehn Jahren tingelt er ebenso gutmütig wie durchgeknallt in diesem Outfit durch die mittlerweile über fünftausend Einwohner starke Hauptstadt der kanadischen Arktis und beschützt Jüngere vor vermeintlichen Gefahren, die nur er sieht. Seine Scheinwelt hat er sich aus endlos wiederkehrenden Zeichentrickserien im Fernsehen zusammengereimt.

Iqaluit ist die am schnellsten wachsende Stadt Nordamerikas: Zwanzig bis fünfundzwanzig Prozent Bevölkerungsplus pro Jahr, seit feststand, daß das Dorf aus ein paar ausgerechnet pastellfarben getünchten Holzhäusern und einigen Straßen mit gut isolierten Wellblechbauten am 1. April 1999 Hauptstadt der neuen kanadischen Provinz Nunavut würde. In der Sprache der Inuit-Ureinwohnner bedeutet das »unser Land« und steht für eine Region, die fünfmal so groß wie Deutschland ist und neben Englisch und Französisch auch Inuktitut zur Amtssprache hat. Der östliche Teil der bisherigen Provinz Northwest Territories wurde an diesem Stichtag abgetrennt und unter Inuit-Selbstverwaltung gestellt – ein Ereignis, dem die nur 22.000 Einwohner der Region mit Stolz und Freude entgegensahen und dem 28 Jahre an Verhandlungen vorausgingen. Nunavut umfaßt die alten Siedlungsgebiete der Ureinwohner, in denen Inuit und Indianer jahrzehntelang nicht viel mehr als die geduldete Bevölkerungsmehrheit waren.

Schrittweise geht nun seit 1999 Verantwortung auf die Nunavut-Regierung über – Kompetenzen, die sowohl von der kanadischen Bundesregierung in Ottawa wie auch von der Provinzregierung der »alten« Northwest Territories in Yellowknife an die neuen Behörden in Iqaluit abgegeben werden und von der Bildungs- bis zur Wirtschaftspolitik, vom Haushaltsrecht bis zur Landvergabe reichen. Abgeschlossen sein soll dieser Vorgang im Jahr 2009. Nunavut wird dann dieselben Befugnisse und dieselbe politische Struktur haben wie jede der anderen kanadischen Provinzen.

Als der heute 54jährige Joshua Kango, ein Nomadensohn aus dem Norden von Great Baffin Island an der äußersten Ostflanke Nordamerikas, vor über zwanzig Jahren ins heutige Iqaluit zog, hieß der Ort noch Frobisher Bay und war nichts als ein Militärvorposten und eine Fischfangstation für den kurzen Sommer. Vorbei sind die Zeiten, wo gewitzelt wurde, daß die Bewohner statt mit Haustürschlüsseln mit Dosenöffnern die Türen ihrer Wellblechunterkünfte aufsperren.

Was anfangs aussah, als hätte Gulliver einen überdimensionierten Gelben Sack am Südzipfel von Great Baffin Island ausgeschüttet und in die hingewürfelten leeren Konservendosen wären Liliputaner eingezogen, mausert sich zur Verwaltungsmetropole. Die Karibus bleiben davon unbeeindruckt und grasen noch heute am Ortsrand von Iqaluit.

Joshua hat die Hände in den Hosentaschen vergraben. Als er herzog, gab es drei Straßen und keinen Asphalt. Die Stoppschilder waren dieselben wie in Toronto. Heute sind sie zweisprachig – in der oberen Hälfte reihen sich geometrische Figuren aneinander, die auf Inuktitut »Halt« bedeuten. In der unteren Hälfte steht »Stop«. Ampeln gibt es nicht, aber wenn drei Autos aufs Einfädeln in eine Vorfahrtstraße warten, sprechen die Einheimischen bereits entnervt von »Stau« und »Rush Hour«.

Joshua lehnt am Rumpf eines Bootes und schaut gedankenverloren auf die knirschenden Packeisberge hinaus: »Früher kam einem das Leben länger vor«, murmelt er. »Die Lebensgeschwindigkeit war langsamer. Alles, was wir taten, war zum Fischen oder zur Jagd zu gehen, um den nächsten Tag zu überleben. Heute ist alles hektischer. Heute gibt es Fernsehen, Video – Sachen, die vom Leben ablenken.«

Gerade ist das einzige Kino von Iqaluit wieder eröffnet worden – nach 23 Jahren Ruhepause. In die Arktis kehrt neues Leben ein.

Täglich verbindet eine alte Boeing 727 der Inuit-eigenen Fluggesellschaft »First Air« die arktische Provinzhauptstadt mit dem dreieinhalb Flugstunden entfernten Montréal – nicht ohne Zwischenlandung in der keine siebzig Einwohner starken Eskimosiedlung Kuujjuaq. Die Flugzeuge sind in dreifacher Hinsicht kurios. Nur ein Fünftel der Kabine ist für Passagiere vorgesehen, die durch die Heckklappe einsteigen. Der Rest ist Fracht vorbehalten. Die Anschnallhinweise sind auf Inuktitut in jenen Dreiecken und Kreisen, mit denen Uneingeweihte rein gar nichts anfangen können. Durchsagen sind dreisprachig: erst Englisch, dann Französisch, zum Schluß Inuktitut – ein weicher Singsang, der nach Volksliedern voller Wehmut klingt.

Überall in Iqaluit hört man in den Monaten vorm Wintereinbruch das markerschütternde Geräusch von auf Eisen schlagendem Eisen. »Piling« nennen das die Kanadier. Mit Hochdruck werden allenthalben Stangen in den Permafrostboden gerammt. Millimeter für Millimeter, Schlag für Schlag, Zuckung für Zuckung. Irgendwann nimmt man es nicht mehr wahr, obwohl man anfangs noch glaubte, das bloße Geräusch würde die Amalgamfüllungen über kurz oder lang aus den Zähnen springen lassen. Akkord-Piling in der Arktis.

Der Bauunternehmer am Ort zählt inzwischen zu den reichsten Bürgern Iqaluits. Sein Piling-Geschäft boomt, denn nicht nur Regierungsgebäude wurden gebraucht. Die neuen Mitbürger, die immer noch zur Verstärkung der Verwaltung herziehen, brauchen Wohnhäuser.

Grund besitzen kann in Nunavut niemand: nicht die Konzerne, die begierig darauf sind, den Bodenschätzen – vor allem Diamanten und Gold – nachzujagen, nicht die Privatleute. Jeder einzelne kann Land grundsätzlich nur pachten – selbst das Grundstück des eigenen Hauses. Eine Maßnahme, die die neuerliche Ausbeutung der Ureinwohner verhindern soll. Sie sollen nicht Ausgeperrte im eigenen Land werden, nicht von den Dollarmillionären des Südens aus den bodenschatzreichsten Gegenden herausgekauft werden können.

In der arktischen Hauptstadt gibt es viel zu tun, und weil das so ist, siedeln sich immer mehr Männer aus der weiter südlich gelegenen Atlantikprovinz Neufundland hier an, denn zu Hause ist die Arbeitslosenquote sehr hoch. Ihre Frauen und Kinder können die wenigsten vom Umzug in die Arktis überzeugen. In Iqaluit herrscht deshalb Männerüberschuß.

Der Northern-Store-Supermarkt entspricht schon jetzt Großstadtmaßstäben: ein riesiger Laden mit nicht minder großem Parkplatz. Alkohol darf dort nicht verkauft werden. Ausschank ist lediglich innerhalb lizensierter Restaurants möglich – und das Mitnehmen der alkoholischen Getränke vor die Schwelle ist verboten. Verkaufsschlager im Supermarkt ist »Arizona Ice Tea«. Gewaltige Dosenberge türmen sich gleich am Eingang. Offen bleibt, ob ausgerechnet die Bewohner der Arktis Freude an dem Zeug haben, oder ein Frachter mit nichts als Eistee an Bord eines Sommers in den küstennahen Gewässern auf Grund gelaufen ist.

Während des Spätsommers, wenn die arktischen Häfen schiffbar sind, werden alle einlagerbaren Vorräte in den hohen Norden geschafft. Verderbliches wird zwischen November und Juli einzig per Flugzeug an den Polarkreis befördert. Ein Pack mit drei Tomaten für umgerechnet vier, eine Papaya für drei, ein Joghurt für eineinhalb Euro.

Polarman stürzt heißen Kaffee hinunter, als wäre es kalte Milch. Hitze scheint seinem Innenleben nichts auszumachen. Wo andere sich verbrühen, merkt er es nicht einmal. »Das ist wahrscheinlich so, wenn man früh im Leben zu heiß gebadet wurde«, lästert David, einer der Piling-Arbeiter, und zuckt mit den Schultern. Im nächsten Moment blinzelt er dem Superhelden zu. Polarman eilt unterdessen aus der Caféteria zum Spielplatz. »Kinder beschützen«, sagt er und reckt noch schnell den Daumen in die Höhe, als wollte er volle Einsatzbereitschaft demonstrieren. Er habe gehört, daß ein paar große Jungs mit Autos von weither kommen wollten. Viele Möglichkeiten haben sie nicht. Nunavuts Straßennetz ist begrenzt. Die gesamte Provinz bringt es auf weniger als dreißig Kilometer asphaltierte Piste – die Hauptstadt eingeschlossen.

Wo es kaum Straßen gibt, muß man sich ohne zu behelfen wissen: Jim ist bevorzugt mit Hunde- oder Motorschlitten unterwegs. Straßen braucht der 45jährige Arzt dafür nicht. Jim ist stolz auf Nunavut und aus Toronto wieder in seine arktische Heimat zurückgekehrt. Fünf Jahre hat er dort unten im Süden gelebt: »Zu warm, zu hektisch, zu wenig Natur«.

In den Galerien der Großstadt hat er Inuit-Kunst gesehen – aus grünem Speckstein gemeißelte Eisbären und Robben, geschaffen von Enook Manomie und angeboten für mehrere tausend Dollar. Der 57jährige Manomie lebt in Iqaluit und arbeitet in einem mehrere Millimeter dick mit Specksteinspänen überzogenen Wohnzimmer am Stadtrand. Von den Aufkäufern der Galerien bekommt er nur einen Bruchteil der Summen, die mit seiner Kunst erzielt werden. Er hofft, künftig viel mehr Arbeiten direkt an kunstinteressierte Arktisurlauber verkaufen zu können: »Schließlich ist Iqaluit doch so etwas wie das New York der Arktis, ein riesiger Schmelztiegel der Völker und Kulturen.« Seine Augen blitzen. Südlicher als bis Kuujjuaq ist er nie gekommen, und New York kennt er nur aus dem Fernsehen. Dort wirkt die Stadt immer etwas milchig und wolkenverhangen. Die Specksteinspäne auf der Mattscheibe sind schuld.

Joe Adla Kunuk, Staatssekretär in der Nunavut-Regierung, war über Jahre regelmäßig fünfzehn Stunden am Tag mit den Vorarbeiten der Provinzgründung beschäftigt. Am Tag nach den Gründungsfeierlichkeiten machte er drei Kreuze. »Da hatten wir das Gröbste endlich hinter uns. Ich brauchte dringend Urlaub und bin erstmal mit der Familie für zwei Wochen nach Kuba geflogen.« Er verdreht die Augen. Sehr heiß sei es dort gewesen. »Richtig schön war es in den Restaurants. Dort liefen die Klimaanlagen auf Hochtouren!«

Auf 36 Pfoten übers Eis

Per Hundeschlitten unterwegs in der Heimat der Inuit

Neuschnee überzieht die Eisdecke der Arktis vor der Küste von Great Baffin Island und verwandelt die Frobisher Bay in eine schillernde Wüste in Weiß, wo kein Anfang und kein Ende zu erkennen ist. Jede Unebenheit, jede Spalte zwischen den eisigen Flächen ist unter der strahlend hellen Tarnkappe verborgen. Jeder Schritt der Huskies knirscht im Schnee. Jeder Meter, den der Hundeschlitten tiefer in die Winterwelt hineingleitet, ist vom Knarzen der Kufen begleitet. Immer wieder schaukelt das Holzgefährt, rutscht in Schräglage über die Seiten der von Wind und Wetter modellierten Gräben im Eis. Immer wieder schaufeln die Hunde beim Antritt mit den Hinterbeinen Schnee in den Schlitten. Doch die neun kräftigen Tiere halten Kurs, und Meeka Mike gibt den Ton an: Auf 36 Pfoten übers Eis.

Die schmächtige Inuk-Frau mit dem pechschwarzen Zopf ist in der Eiswüste zu Hause und seit ihrem achten Lebensjahr mit Hundeschlitten unterwegs. Damals hat sie ihren Vater das erste Mal zur Eisbärenjagd bis hinaus an die Packeisgrenze begleitet. Als »Eskimos« mögen sich die Ureinwohner nicht bezeichnen lassen. In ihrer Sprache bedeutet das »Fischfresser«. Sie selber nennen sich *Inuit,* »Menschen« – oder *Inuk,* »Mensch«.

Wenn der Ozean in diesen Breiten von Mitte Oktober bis in den Juli hinein zugefroren ist, dann ist Meeka mit Hunde- und Motorschlitten auf dem

Eis unterwegs – neuerdings auch mit Touristen an Bord, die sich von der Kälte nicht abschrecken lassen. Die durchschnittliche Tagestemperatur im Januar, dem kältesten Monat, liegt bei minus 29,7 Grad Celsius.

Der Atem der neun kräftigen Hunde dampft in den kühlen Morgen. Die knappen Kommandos der Schlittenführerin scheinen unmittelbar vor ihrem Gesicht zu gefrieren und wie in einer Comicsprechblase für Sekunden in der Eiseskälte schwebend zu verharren, um dann klirrend zu Boden zu krachen.

Meeka gibt sich wortkarg. Wenige Befehle müssen den Hunden genügen, dazu Schnalzen und Geräusche, die tief im Hals geformt werden und wie ein mattes Grunzen klingen – Geräusche, die man der zierlichen Frau mit den dunkelbraunen Augen nicht zugetraut hätte.

Eben erst hatte Meeka den Schlitten am Rand von Iqaluit startklar gemacht, ihn mit Kisten beladen, alles festgezurrt. Zum Schluß hat sie ein Eisbärenfell als Sitzfläche auf das Holzkonstrukt gewuchtet und zurechtgezupft. »Es wärmt wunderbar. Und es ist von Natur aus bestens gegen Feuchtigkeit imprägniert«, sagt sie.

Die 32jährige Inuk ist auf Great Baffin Island geboren und kennt alle Tricks, um in der eisigen Wildnis der kanadischen Arktis zu überleben. Meeka hat sich vorsorglich in der Hoffnung auf einen Tourismusboom im äußersten Norden mit einer kleinen Firma selbständig gemacht. Sie organisiert ein- und mehrtägige Hunde- oder Motorschlittentouren übers Eis, bei denen die Gäste auf Wunsch sogar in Iglus übernachten können. »Sie zu bauen«, sagt Meeka, »dauert weniger als eine Stunde« – und lacht: »Wenn man die Handgriffe beherrscht.«

Die kräftigen Huskies hungern nach Bewegung: Aufgeregt toben sie umher, springen aus dem Stand mit allen Vieren gleichzeitig in die Höhe, wenn Meeka sie von ihren Ketten losmacht und ins Geschirr nimmt. Nur Leithündin Natsiq bellt nicht, zerrt nicht, sondern blickt aus ihren stahlblauen Augen reglos Frauchen an – immer in Erwartung eines Kommandos, einer Geste. Meeka und ihre Leithündin sind ein eingespieltes Team. Natsiq ist die einzige, mit der Meeka kuschelt, die freundschaftlich geklopft und gestreichelt wird.

In der Arktis werden die Huskies, in der Inuit-Sprache *Qimmiit,* als reine Nutztiere betrachtet und hart herangenommen. Im Ernstfall müssen sie in der Lage sein, angreifende Eisbären in die Flucht zu schlagen. Die Peitsche gehört in Nunavut zur Standardausrüstung eines Schlittenführers – nicht allerdings, um damit auf die Fellgesellen einzudreschen, sondern um links und rechts der Hunde aufs Eis zu schlagen. So wird der Weg begrenzt und ein Ausscheren des Gespanns verhindert. Die Peitsche ist das Steuer.

Die Huskies der Inuit leben ganzjährig im Freien. Ställe gibt es nicht, Hundedecken auch nicht. Den Winter verbringen sie an langen Metallketten, die ein paar Kilometer außerhalb der Orte auf dem Eis verankert sind, den kurzen Sommer am felsigen Ufer der Buchten und Fjorde. Zweimal am Tag kommt der Besitzer zur Fütterung. Serviert bekommen die Kraftpakete rohes Karibu-, Walroß- und Robbenfleisch.

Nur trächtige Hündinnen und Welpen dürfen stundenweise ins Haus. Wären sie die längste Zeit des Tages im mollig warmen Wohnzimmer, würde sich ihr Fell nicht richtig entwickeln und nicht so pelzig-dicht werden, wie es für das Überleben in der Polarkreisregion notwendig ist. Ansonsten darf nur der Leithund, in der Inuit-Sprache *Isuraqtujuq*, mit aufs heimatliche Grundstück. In seinem Fall ist die Nähe zum Menschen wichtig. Er muß auf seinen Schlittenführer geprägt werden.

Eisig bläst den Passagieren der Fahrtwind ins Gesicht, während am Horizont die weiß ummantelten Küstenberge von Great Baffin Island vorbeirauschen. In der Nähe der Ufer türmen sich von der Natur modellierte Packeisberge, als wären die ausrollenden Wellen des arktischen Ozeans von einer Minute auf die andere steifgefroren. Als hätte ein überirdischer Künstler abstrakte Skulpturen geschaffen, ein schillerndes Märchenland aus Eis, ein frostiges Haus für die Phantasie. Ebbe und Flut unterm Eis erschaffen die Skulpturen. Zu Beginn des langen Winters hebelt der Tiedenhub von zehn Metern die ersten dünnen Eisdecken immer wieder herauf und herunter.

Längst haben die Hunde ihren Rhythmus gefunden, traben gleichmäßig und zügig voran. Karibuherden nehmen reißaus und bringen sich hinter dem Horizont in Sicherheit. In der Ferne verschwinden Robben, die eben noch im Schnee gelegen haben, in ihren Eislöchern.

Immer wieder springt Meeka ab, schiebt den Schlitten an, hilft ihren Hunden bei der harten Arbeit. Manchmal läuft sie kurz neben dem Holzkonstrukt her, taucht eine Tasse in den Schnee, wärmt sie kurz mit den Händen und trinkt das Eiswasser. »Du kannst kein reineres Getränk bekommen. Nirgends auf der Welt«, sagt sie und lächelt dabei.

Längst haben sich auch die Schlittenneulinge an die Eiseskälte gewöhnt – daran, daß die Gesichtszüge bei jedem Lächeln gefrieren. Daran, daß es gut tut, immer wieder ein paar Schritte neben dem Schlitten her zu joggen und Zehen und Finger immer in Bewegung zu halten.

Stunden später sind die Hunde wieder draußen auf dem Eis befestigt, haben ihr Futter bekommen. Einer heult den Mond an, und die Sterne schauen herab auf die Arktis. Auf 36 Pfoten irgendwo vor den Toren von Iqaluit. Auf ein Märchenland aus Eis.

Brathähnchen unter Pseudonym

Wo nur die Ignoranten Englisch sprechen: frankophone Absonderlichkeiten am St. Lorenz-Strom

»Good morning«, tönt es in die Dorfbäckerei, eine halbe Fahrtstunde außerhalb von Québec-Stadt, während die Tür aufschwingt. Fünf Köpfe wenden sich langsam dem Rufer im Karohemd zu. Verdutzte Blicke treffen ihn, ehe die Verkäuferin hinter dem Tresen nach zwei Schrecksekunden ein freundliches »Bonjour« zurückschallen läßt und die vier Kunden mit leichter Zeitverzögerung ebenfalls einen französischen Gruß murmeln. Der Mann im Holzfälleroutfit ist, stellt sich heraus, ein amerikanischer Urlauber, und da er Ausländer ist, trägt man ihm die Begrüßung in der falschen Sprache nicht nach – erst recht nicht mehr, als er arglos fünf Croissants ordert. Er spricht sie zwar »Kröösäänt« aus und zieht das so breit als müßte das Teighörnchen mindestens einen halben Quadratmeter groß und vom Traktorreifen breitgefahren sein, aber er gibt sich wenigstens Mühe. Das sichert ihm die Sympathien der Anwesenden.

Québecer sind zunächst sehr skeptisch, wenn sie in ihrer Heimat auf englisch angesprochen werden. Wer sollte so etwas tun? Ignoranten womöglich, die sich *pas du tout* um die französische Sprache dieser Provinz scheren und genau das auch noch mehr als nur unterschwellig vermitteln wollen? Provakateure gar, womöglich gezielt von Restkanada rekrutiert, um die sprachliche Moral in Québec mit eingestreuten Anglizismen zu unterminieren? All das, wo diese einzige französischsprachige Bastion Nordamerikas ohnehin schon vom Englischen eingekesselt ist und über die Jahrhunderte alle Mühe hatte, ihre Eigenarten zu wahren.

Allwöchentlich spotten die Komödianten der »Royal Canadian Airfarce Show« im landesweiten kanadischen Fernsehsender CBC mit Begeisterung über Québec und ziehen die immer wiederkehrenden separatistischen Anwandlungen der so anders gearteten frankophonen Provinz gehörig durch den Café au Lait – mit Vorliebe den Bloc-Québeqouis-Politiker Lucien Bouchard.

Ihm unterstellen die Parodiekünstler in ihren Sketchen, er zettle alle Quertreiberei nur an, um endlich König von Québec zu werden. Bouchard, ehemaliger Premierminister der Provinz, findet das nur mäßig lustig. Dabei verschonen die »Airfarce«-Leute, Komödianten mit Kultstatus, die anderen Landesteile genauso wenig und parodieren deren nicht minder skurrile Eigenarten ebenso frech. Am schlimmsten aber ist, daß sich viele Bewohner gerade in der weltoffenen und kosmopolitischen Québec-Metropole Montréal besonders gerne über die Bouchard-Scherze krümmen. Wahrscheinlich liegt es daran, daß dort inzwischen bereits ein Drittel der Bevölkerung auf englisch lacht – meinen jedenfalls die »Airfarce«-Macher und erreichen damit, daß Bouchard seither angeblich genau auf die Phonetik hört, wenn in Montréal jemand kichert.

Ihre Sprache, ihre Lebensart, ihre gezielt kultivierte Andersartigkeit ist den Québecern heilig. Womöglich würde man sie sonst mit den Prärielümmeln aus Alberta oder Manitoba verwechseln, die doch eigentlich alle verkappte US-Amerikaner sind und vermutlich nur durch ein bedauerliches

Versehen der Geschichte mit denselben Pässen wie die Frankokanadier herumrennen …

Als wollte Québec an jeder Kreuzung seine Eigenart betonen und unterschwellig seine Unabhängigkeit fordern, prangt auf fünfeckigen Schildern mit rotem Grund in weißen Lettern »Arrêt«, nicht »Stop«. Ausnahmen ausgeschlossen. Zweimal schon, 1980 und 1995, wurden Volksabstimmungen über die Loslösung Québecs von Kanada abgehalten. Zweimal unterlagen die Separatisten denkbar knapp. Irgendwann werden sie wieder abstimmen lassen. Bouchard hat bereits angekündigt, daß er ein neues Referendum anstrebt.

Brathuhnfans müssen sich schon jetzt umgewöhnen. Hähnchenröster, die in den USA und sämtlichen anderen Provinzen Kanadas unter »Kentucky Fried Chicken« firmieren, heißen an den Landstraßen Québecs »Poulet Frit à la Kentucky«. In großen Neonlettern leuchtet der Schriftzug von den Schnellimbißfassaden. Hähnchen unter Pseudonym. Mit »Burger King« ist man toleranter – oder der Konzern den Wünschen nach sprachlicher Anpassung gegenüber hartgesottener. Bislang kommt er ohne »Roi des Boullettes«-Untertitel im Logo aus.

So verbohrt manche Forderung erscheint, so viel haben die Vorkämpfer des Frankophonen seit dem Beginn ihres Einsatzes in den sechziger Jahren des 20. Jahrhunderts erreicht: Alle amtlichen Vordrucke in Kanada bis hin zum Einreiseformular und der Zollerklärung sind inzwischen zweisprachig, alle Broschüren der Nationalparks, die Beipackzettel in Medikamentenschachteln, die Worte links und rechts vom Verfallsdatum auf dem Joghurtbecher, selbst die Marke in Pullovern aus heimischer Fertigung. »Made in Canada/Fabriqué au Canada«

steht dort, um es allen recht zu machen und niemanden zu diskriminieren.

Etwas weniger als dreißig Prozent der Kanadier haben heute das Französische als Muttersprache, ein Relikt aus der Zeit, als Québec französische Kolonie war – eine Epoche, die in den Geschichtsbüchern 1759 endete.

Klebrige Muffins und Donuts haben es schwer, Fuß zu fassen. Stattdessen sind Croissants und Baguettes allgegenwärtig. Exzellente Restaurants servieren Nouvelle Cuisine. Mercis, Bonjours und Ohlà-làs liegen in der Luft. Ein Hauch Frankreich in der neuen Welt.

Weil das so ist, kommen Touristen aus den USA in Scharen hierher und schwärmen davon, wie herrlich europäisch es doch in Québec-Stadt, der von der Unesco in den Rang eines schützens- und erhaltenswerten »Weltkulturerbes« erhobenen Provinzhauptstadt, in Montréal und anderswo in diesem Landstrich rechts und links des St. Lorenz-Stroms sei. Europäer kommen, um das nordamerikanische Kuriosum zu bestaunen und sich ein bißchen heimischer zu fühlen als südlich und westlich der Grenzen Québecs. Und manchen ist die Sprache ohnehin egal: Sie kommen wegen der Weite, wegen der Wälder und Seen, wegen der Luft und der Lebensart.

Da sind robuste Feldsteinhäuser wie in der Bretagne, gepflegte kleine Vorgärten wie in der Normandie, Straßenmusiker wie in Nizza, Karikaturisten auf dem Place des Armes von Québec-Stadt wie auf dem Montmartre in Paris. Die Mode ist europäischer als anderswo in Nordamerika, der Dress *très chic,* alles einen Hauch eleganter. *Savoir vivre* am St. Lorenz-Strom.

Die »echten« Franzosen in Europa, grundsätzlich heilfroh über jeden, der sich ihrem Kampf gegen die Dominanz des Englischen anschließt, haben dennoch ihre Probleme mit den Schwippschwagern aus Nordamerika. Sie nehmen sich die Dreistigkeit heraus, Filme aus Québec im heimischen Fernsehen auf französisch zu untertiteln. So sehr hat sich die Sprache in den beiden Ländern im Laufe der Jahrhunderte auseinanderentwickelt. Das in Ostkanada gesprochene Französisch gilt als sehr traditionell, als beizeiten antiquiert und ein wenig bäuerlich. Viele Begriffe kommen im Wortschatz der Mutterlandfranzosen längst nicht mehr vor. In Québec sind bis heute Namen üblich, die diesseits des Atlantiks nicht mehr verwendet werden – »Rejean« ist so ein Beispiel.

Und auch im Alltagswortschatz hat sich die Sprache auseinanderentwickelt. Ist der Franzose im *voiture,* dem Auto, unterwegs, fährt der Québecer mit *le char* durch die Ahornwälder. Während Trinkgeld in Frankreich *pourboire* heißt, ist es in Québec *le tip,* ein Etappensieg der anglophonen Einkesselung. Allerdings, ein letzter Hauch Abgrenzung muß sein, in der Aussprache mit langem »i«.

Was wäre anders gekommen, hätten die französischen Kolonisten die Schlacht von Québec 1759 gewonnen? Bryan Adams würde auf Französisch singen, Patricia Kaas wäre Stammgast in den nordamerikanischen Talkshows. Kontinentalfranzosen hießen immer noch Rejean, und der bretonische Akzent Québecs würde als Hochfranzösisch gelten und wahrscheinlich sogar die dominierende Sprache ganz Nordamerikas sein. Mickey Mouse wäre wahrscheinlich als Michel Souris zur Welt gekommen, was genau dasselbe bedeutet und den Erfolg auch nicht verhindert hätte. Die »Royal Canadian

Airfarce« gäbe es nicht. Lucien Bouchards Vorfahren hätten frühzeitig mit glänzender Rhetorik die Einführung des Throns von Nordamerika herbeigeredet und sich das königliche Polstermöbel generationenübergreifend gesichert. Man hätte viel Geld für Referenden gespart. In ganz Nordamerika würde das Essen besser schmecken, die Vorgärten wären gepflegter. Holzfällerhemden wären nie in Mode gekommen und alle wären *très chic*. Nordamerika mit mediterranem Charme, mit französischer Eleganz. Keine schlechte Vorstellung.

Shopping in Shorts bei 25 Grad unter Null

In der Unterwelt von Montreal: dreißig Kilometer »Wanderweg« unter der Erde

Ein kalter Winterabend in Montréal: Hand in Hand kommen junge Leute in kurzärmeligen Hemden aus einem Innenstadtkino, schlendern den Weg entlang zu den Bars der Nachbarschaft. Zwei Frauen in kurzen Röcken plaudern an Stehtischen auf der Veranda eines Restaurants über Gott und die Welt, über Eishockey und den kalten Winter in der größten Stadt der kanadischen Provinz Québec. Minus 25 Grad zeigt das Thermometer an diesem Abend und trotzdem trägt niemand Anorak oder Schal, Pelzmantel oder Wintermütze. Auch das Schuhwerk der Passanten ist sommerlich, obwohl in den letzten zwei Stunden zwanzig Zentimeter Neuschnee fiel.

Montréal konserviert den Sommer unter der Erde. Die Bewohner der Drei-Millionen-Stadt steigen zwei Stockwerke weit in den Untergrund der Innenstadt und vergnügen sich dort in vierzig Kinos, zweihundert Restaurants, in Theatern und Konzertsälen bei Zimmertemperatur. Der Winter bleibt ausgesperrt – auch beim Einkaufsbummel vor und hinter den Schaufenstern von 1800 Geschäften. Und trotzdem merkt niemand, daß er sich wie in einer riesigen Maulwurfsburg in der Erde bewegt.

Ein Wegenetz von über dreißig Kilometern Länge windet sich unter den Wolkenkratzern und Straßen von Downtown Montréal entlang. Was ursprünglich Verbindungskorridore der U-Bahnstationen zu den großen Bürotürmen waren, wuchs sich im Laufe der Jahre zu einer eigenständigen Stadt unter der Stadt aus.

Wer will, kann heute von seinem Appartement aus mit dem Fahrstuhl zur U-Bahnhaltestelle fahren, im Zug durch den Untergrund kreuzen, dann von einer anderen Haltestelle aus zu Fuß Kaufhäuser und die ganze Palette des Abendentertainments ansteuern und spät nachts zurückfahren, ohne auch nur einen Schritt an die frische Luft machen und seine Bekleidung dem rauhen Winterklima anpassen zu müssen.

Selbst diverse Hotels mit zusammengenommen über viertausend Zimmern sind inzwischen mit der »Underground City« vernetzt, die nichts vom zweifelhaften Ambiente graffitibeschmierter Kachelkorridore heimischer Unterführungen hat.

Montréals »Ville Souterraine« ist blitzsauber. Die vorgeschriebene Mindestbreite der Korridore ist fünf, die Mindestdeckenhöhe drei Meter.

Investoren mußten sich verpflichten, ein Prozent der Baukosten in Kunst zu investieren. Fresken schmücken die Wände, Skulpturen recken sich inmitten der Kellerpfade Richtung Atrium – die größte Untergrundgalerie der Welt.

Wintershopping in der Unterwelt Montréals gilt mittlerweile als trendy und Hotels bieten inzwischen sogar maßgeschneiderte Pauschalen aus Unterkunft und einem Bündel Einkaufsgutscheinen an. Touristen streifen mit handlichen Miniübersichtsplänen des Kellerlabyrinths durch die Korridore, die vielfach über ein Dutzend Meter breit und ungeahnt lichtdurchflutet sind. Gänge über Gänge münden in die verglasten atriumartigen Hallen der

Wolkenkratzer, wo Caféterias neben Springbrunnen zum Verweilen einladen und aus Musikboxen mexikanische Schmachtsongs schallen wie an Yucatans Karibikstränden. Einzig die Schneeflocken auf den Glasdächern irritieren ein wenig.

Die 150 Zugänge zum »Reich der Tiefe« führen nie durch häßliche Tunnel oder steile Stiegen hinab, sondern zumeist durch die repräsentativen Lobbies der über sechzig Häuser, die über das Tunnelnetz miteinander verbunden sind.

Stadtplaner Jacques Besner ist in Montréal so etwas wie »Mr. Underground«. Bei ihm laufen alle Fäden zusammen. Die Stadt unter der Stadt ist sein »Kind«: »Man muß sich das einfach so vorstellen, als ob die ganze Stadt zwei Stockwerke tief in den Boden gedrückt wurde und das Erdgeschoß mit all seinen Läden plötzlich im 2. Tiefgeschoß gelandet wäre«, beschreibt er die Lage.

Die Besitzer der Häuser erzielen heute mit den Kellergeschossen höhere Mieten als mit den Läden auf Straßenniveau. Es ist chic und umsatzträchtig, mit einer Boutique oder einem ganzen Kaufhaus in der Unterwelt präsent zu sein. »Und irgendwie scheinen die Leute auf dem Weg zur U-Bahn kauffreudiger zu sein als an der Oberfläche«, freut sich Jeansverkäuferin Cindy, die fünfzehn Meter unter der anglikanischen Kathedrale an der Rue St. Cathérine arbeitet.

Auch Gott hat so Anschluß an die Unterwelt. Die neugotische Kirche aus dem Jahr 1859 wurde in den achtziger Jahren aufwendig abgestützt und komplett unterkellert – tief unter Altar und Kirchenbänken entstand das Shoppingparadies Promenades de la Cathédrale, von dem man freilich während Andacht und Gebet nichts merkt.

Sogar einen völlig wetterunabhängigen Eislaufring gibt es in Montréals riesigem Keller inzwischen, und an der Erweiterung des Wegenetzes wird permanent geplant und gearbeitet. Das Ziel: »Irgendwann die volle Länge für einen Untergrundmarathon zu haben«, so Jacques Besner, »und das sind immerhin 42,2 Kilometer.«

Mit der »Underground City« ist seit 1962 eine Attraktion entstanden, für die die Stadt keinen Cent gezahlt hat. Alle Erstellungs- und Wartungskosten tragen grundsätzlich die Besitzer der untertunnelten Häuser, die sich darum reißen, dabei zu sein – wegen der attraktiven Tiefgeschoßmieten. Und weil die Stadt ihnen im Gegenzug erlaubt, pachtfrei öffentlichen Grund zu unterkellern und zu nutzen – Straßen und Grünflächen zum Beispiel.

Wer sich dem Wegenetz anschließt, garantiert vertraglich, die Tiefgeschosse während der Verkehrszeiten der U-Bahn von sechs Uhr morgens bis ein Uhr nachts offenzuhalten und keinen Cent Eintritt oder Wegegeld für die Nutzung zu nehmen.

Fast jede Woche hat Besner Gäste aus anderen Metropolen zu Gast, die sich ein Bild von der Untergrundstadt machen und Ideen für eigene Projekte sammeln wollen. Der Mann ist ein gefragter Berater für solche Bauvorhaben und reist um die Welt, um Projekte voranzutreiben – zuletzt in Shanghai.

Und wenn er einmal in seiner Heimatstadt ist, dann stiefelt er ins Kino: in Sommersandalen, in kurzärmeligem Hemd und viel lieber in Jeans als in Thermohose.

In 58 Sekunden in den Himmel

Per Fahrstuhl in die Wolken: vom höchsten Gebäude der Welt bis Chinatown

Der Kaffee dampft vor den Besuchern des Aussichtsrestaurants 347 Meter hoch über dem Boden im CN-Tower von Toronto, dem höchsten Gebäude der Welt. Der Blick gleitet bei schönem Wetter fünfzig Kilometer weit bis zu den Niagarafällen, schweift Dutzende Kilometer über den Lake Ontario und das Häusermeer der Vier-Millionen-Einwohner-Stadt Toronto hinweg – bis es plötzlich von außen an der Panzerglasscheibe klopft und den Besuchern der Schreck in die Glieder fährt. Schließlich kommt es nicht oft vor, daß man im 114. Stock eines Gebäudes beim Kaffee sitzt und ein grinsender Mittvierziger vor der Scheibe entlangturnt. Dabei macht sich Roger Stanley nur einen Spaß. Der Mann hat den höchsten Job der Welt. Er ist Chef von dreißig Fensterputzern und packt selbst mit an. Spezialität: Wolkenkratzer. Sein Slogan: »No task too small, no building too tall« – »Keine Herausforderung zu klein, kein Haus zu hoch.«

Seit der CN-Tower 1976 eröffnet wurde, macht Roger den Job – manchmal in den Wolken, manchmal in der prallen Sonne, immer doppelt angeseilt, immer das Gesicht mit Sonnenmilch Lichtschutzfaktor 45 geschützt. Neuerdings ist auch sein Werkzeug am Handgelenk angeseilt, seit einmal eine Gummilippe hinunterfiel und eine Beule ins Dach eines parkenden Autos geschlagen hat. »Toronto boomt: immer neue Hochhäuser – das ist gut für mein Geschäft«, freut sich Roger, denn für die Tarife der Fensterputzer in der größten Stadt Kanadas gilt: je höher, desto teurer. »Moderne Architekten denken zu wenig an Fensterputzer«, moniert er. »Schick geht denen vor Praxis. Einmal schon mußte eine Wand durchbrochen werden, damit die Fenster für uns überhaupt erreichbar wurden.« Torontos Skyline jedenfalls wird aus jeder Perspektive von der spitzen Nadel des CN-Tower dominiert.

In nur 58 Sekunden jagt der Fahrstuhl für 16 kanadische Dollar bis zum Observation Deck mit dem Restaurant und einem Fußboden aus zentimeterdickem Spezialglas, über das sich Mutige mit Wackelknien vorwärts tasten und dennoch am Geländer festhalten: Tribut an die eigentümliche Mischung aus Furcht und Faszination.

Wer die höchste Plattform der Welt auf 447 Metern Höhe – immer noch 106 Meter unterhalb der Turmspitze – erreichen will, steigt hier um in einen zweiten Fahrstuhl – oder er nippt in der Bar erstmal an einem »Gravitator«-Cocktail aus Wodka und verschiedenen Fruchtsäften. Nur auf die Fensterbank sollte man besser nichts legen. Man würde es erst eine Stunde später wiedersehen: Das Restaurant dreht sich.

Die 21jährige Kathleen muß einen trainierten Magen haben und an Enge gewöhnt sein. Sie ist Fahrstuhlführerin im CN-Tower, plappert in Rekordgeschwindigkeit die wichtigsten Fakten zum Turm herunter, denn ihr bleiben nur jene 58 Sekunden Fahrt für den Kurzvortrag. Zwischendrin checkt sie auf persönlicher Rekordjagd die Zahl der Nationalitäten im Fahrstuhl: »Bisheriger Beststand war 17!« jubelt sie.

Erst vor ein paar Jahren ist Toronto der Sprung

aus dem Schatten der anderen nordamerikanischen Millionenstädte gelungen. Inzwischen ist die Metropole als Shoppingziel fest etabliert, lockt mit kultureller Vielfalt, Galerien, erstklassigen Museen, mit Musicals auf Broadway-Niveau. Vierzig verschiedene Stücke werden jede Woche im Schnitt auf den Bühnen dieser Stadt gespielt. Übertroffen wird Toronto als Theatermetropole in der englischsprachigen Welt nur noch von London und New York.

Erst die Vielzahl der Einwanderer machte diese Stadt zu dem, was sie heute ist: ein brodelnder Schmelztiegel der Nationen ganz ohne die Aggression, die solche Menschenansammlungen sonst oft an sich haben. Da wirbt ein Restaurant mit »chinesisch-jamaikanischer Küche«, da gibt es Jazzkonzerte mit Reggae-Vorgruppen, Pop mit Blasmusik. Die kuriosesten Kombinationen werden selbstverständlich und schaffen ganz nebenbei Neues.

Menschen aus 140 Nationen leben unter dem gemeinsamen Dach, das Toronto heißt. Dreihunderttausend der rund vier Millionen Einwohner stammen aus Asien. Torontos Chinatown ist größer als die von New York. Alte Chinesinnen offerieren in Hauseingängen ihre Handlesekünste. Nebenan wartet der Astrologe auf Kundschaft, während gegenüber in der fernöstlichen Kräuterapotheke Wunderpillen und Heiltees den Besitzer wechseln. Straßenschilder sind in chinesischen Schriftzeichen beschrieben.

Ein paar Schritte weiter weicht das hektische Asien urplötzlich Kleinstadtflair. In bunt getünchten Holzhäusern des Viertels um Kensington Market verkaufen junge Leute trendige Klamotten, CDs von Newcomerbands oder Gemüse aus kubanischem Öko-Anbau – ein wildes Durcheinander kurioser Geschäfte mit Charme. Viele gute Restaurants gibt es hier, dazu Szene-Bars und Jugendkultur. Die Bankpaläste von Downtown sind plötzlich weit weg – fast undenkbar, noch in derselben Stadt und von den glitzernden Wolkenkratzern nur fünf Taximinuten entfernt zu sein.

Es röhrt, als ob Lastwagen die Straße zum Fähranleger am Harbourfront Centre hinunterdonnern: ein Heer Rollerblader nimmt Kurs auf die Personenfähre hinüber nach Centre Island im Lake Ontario – alltägliche Feierabendszenen. Mitten in der Kolonne flattern Schlipse im Wind – Rollerblader im Anzug, Bänker auf Abendausflug. Drüben auf der nur gut zwei Kilometer entfernten Insel wollen sie ihre Runden auf asphaltierten Wegen in großen Parks drehen, am Seeufer rasten und relaxen – und den Blick hinüber auf den Sonnenuntergang vor der Skyline genießen. Am schönsten ist es, wenn abends die Lichter angehen: als ob Sternenhimmel und Häusermeer nahtlos ineinander übergingen, als ob man aus einem Raumschiff ins Zentrum der Galaxie blickte.

Längst haben Hollywoodproduzenten Toronto als Filmdouble für New York entdeckt. Die Stadtverwaltung ist kooperativ, sperrt ganze Highways für Dreharbeiten und erlaubte sogar mal Hubschrauber-Stunts zwischen den Häuserschluchten. Bei Aufnahmen in den Straßen von Toronto sind die Setausstatter der Filmfirmen gefragt. Sie karren Müll heran, der sorgfältig verteilt wird. »Toronto«, so Filmproduzent Sonny Grosso (»French Connection«), »ist sonst zu sauber, um später auf der Leinwand als New York durchzugehen.« Einmal ist ihm der Müll geklaut worden. Während einer Drehpause kam die Stadtreinigung und beseitigte ahnungslos den kunstvoll produzierten Schandfleck.

Dem Pazifik entgegen: dreißig Wagen westwärts

4467 Kilometer per Zug von Toronto nach Vancouver

Die letzten Sonnenstrahlen bringen das polierte Stahldach des Zuges zum Glühen wie die Spitze einer Raumkapsel beim Wiedereintritt in die Erdatmosphäre. Erst wenn die Sonne untergegangen ist, verlassen die Träumer unter den Fahrgästen das verglaste Obergeschoß des Panoramawaggons. Sie haben gewartet, bis sich der Himmel von violett zu nachtblau verfärbt und die Sterne hoch über den Wäldern Ostkanadas aufziehen wie Löcher am Firmament, hinter denen riesige Feuer brennen.

Düstere Schatten endloser Tannenwälder rauschen vorbei. Steward Perry macht die Betten in den chromblitzenden Schlafwagenabteilen zurecht, während einzelne Passagiere noch im Barwagen am Ende des Zuges beim Plausch zusammensitzen, Reiseerlebnisse austauschen, übers Leben philosophieren und sich mit kanadischem »Blue Labatt«-Bier zuprosten: der erste Abend im legendären »Canadian«, dem Zug, der sich dreimal wöchentlich mit seinen bis zu dreißig Waggons, zwei Loks und über einem Kilometer Länge westwärts schlängelt und 73 Stunden nach der Abfahrt in Toronto die Pazifikküste erreichen wird: 4467 Kilometer per Eisenbahn quer durch Nordamerika.

Da ist der pensionierte Lehrer aus Indiana, der gleich nach der Begrüßung einen Stapel Fotos von Loks und Waggons zahlloser Züge aus der Brusttasche seines Sakkos zieht und von seinen Reisen erzählt. Zweimal um die Erde ist er in seinem Leben mit der Bahn gefahren – rein statistisch jedenfalls. Schon am ersten Abend kennt jeder im Zug seine Geschichte.

Auch Jim aus Tallahassee ist Eisenbahn-Enthusiast, stenografiert den Funkverkehr mit, verfolgt die Reise mit der Stoppuhr und macht sich ständig Notizen. Er liebt Eisenbahnen über alles. Nur für Erdnüsse hat er eine ähnliche Leidenschaft. Sie türmen sich dosenweise auf seiner Sitzablage.

Ein alter Herr im Karohemd läßt die Hand seiner ebenso betagten Gattin die ganze Reise über nicht los. Die beiden erfüllen sich mit der Bahnreise einen Lebenstraum: »Eine Zweitauflage unserer Hochzeitsreise«, erzählt er und blickt sie verliebt an. »Wo sind wir gerade, Jack?« fragt sie dazwischen und schiebt ihm die Streckenkarte herüber.

Selbst wer normalerweise nicht auf Anhieb mit Fremden ins Gespräch kommt, weiß am zweiten Tag (fast) alles über die Mitreisenden: Jeder ist neugierig auf den anderen, will wissen, woher er kommt, wie weit er fahren will und warum er gerade diesen Zug genommen hat. Und jeder fragt.

Wer nachts das Rollo im gut sechs Quadratmeter großen Doppelabteil offen läßt, sieht vom Bett aus die vom Mondlicht erhellten Konturen dichter Nadelwälder wie einen zu schnell abgespulten Film vorbeiziehen. Am nächsten Morgen, zehn Stunden östlich von Winnipeg, zwanzig Stunden nach der Abfahrt in Toronto, hat sich nicht viel geändert. Weniger Tannen, mehr Birken, nur noch selten ein sandiger Bahnübergang, an dem ohnehin nichts und niemand wartet. Nebelschleier tanzen im Morgenlicht über pechschwarzen Moorseen rechts und links der Gleise. Mit etwas Glück sieht man immer wieder Bären und Elche.

Gleich neben dem Bahndamm beginnt die Wildnis, vor den Abteilfenstern gleitet drei Tage lang Bilderbuch-Kanada vorbei: erst Wälder, Seen und das Sumpfland von Ontario, dann die Weizenfelder mit ihren knallroten Silos in Manitoba und Saskatchewan, später die Gebirgsriesen der Rocky Mountains in Alberta und British Columbia. Erst die Bahnreise verdeutlicht die wahren Dimensionen Kanadas.

In den ersten Stunden nach der Abfahrt achtet man noch auf die Geräusche: auf das Tuten der dreitausend PS starken Lok, das man am Ende des Zuges kaum noch hören kann. Auf jedes leise Scheppern. Schon bald aber glaubt man, alles folge einer großen Ordnung – so sehr, daß der Zug nicht nur rhythmisch westwärts rattert, sondern sogar mit einer beruhigenden Melodie bremst. Eisenbahneinbildungen.

Jeder Stopp ist eine kleine Attraktion, eine Chance, sich im Freien ein paar Minuten die Füße zu vertreten. Acht offizielle Stationen gibt es an der Strecke, dazu 69 Haltepunkte, an denen nur auf vorherige Vereinbarung kurz gestoppt wird. In solchen Fällen warten Passagiere mit Koffern im Nirgendwo auf einer Rampe am Gleis, um zuzusteigen. Andere verlassen den Zug, um sieben Tage lang eine Blockhütte zu beziehen und Angelurlaub in der Wildnis zu machen. Dreimal die Woche werden sie kurz an die Zivilisation erinnert, irgendwann auf Voranmeldung wieder abgeholt, wenn der »Canadian« tutet.

Zwischen Salat mit Himbeerdressing und Forelle mit Wildreis zum Abendessen im Speisewagen wechselt die Lokbesatzung in Caperol das erste Mal.

Schaffner Russ Reynold, 51 Jahre alt, steigt zu, ist seit 33 Jahren dabei, liebt den Job und »seinen« chromblitzenden »Canadian«: »Erst in den siebziger Jahren haben wir die Dampfloks eingemottet und sind auf Diesel umgestiegen. Vor gut zehn Jahren ist der ganze Zug liebevoll im Stil der fünfziger Jahre restauriert worden. Die meisten Waggons sind Baujahr 1955 – auch die Panoramawagen mit den verglasten Oberdecks«, erzählt er. Heute reisen die meisten Passagiere nicht mehr mit dem »Canadian«, um von einem Ort zum anderen zu kommen, sondern des Zuges wegen. Nebenbei streicht Russ mit der einen Hand väterlich über die blaugrauen Polsterbezüge der Sitze im Barwagen und fährt sich mit der anderen durch den Vollbart.

Ian Simpson ist einer von drei Bordköchen und die erste Saison dabei: »Okay, auf den ersten Blick ist meine Küche winzig, aber letztlich ist alles nur eine Frage der Organisation. Alles kein Problem.« Er jongliert mit zwei Pfannen zugleich, hat drei Töpfe auf dem Herd, sortiert nebenbei im Backofen herum und zaubert dreimal täglich erstaunliche Köstlichkeiten auf die Tische des Speisewagens: vier Hauptgerichte zur Auswahl, dazu Salat oder Suppe vorweg, dreierlei verschiedene Nachtische hinterher. Zwischendrin freut er sich über Besuch und jeden Plausch an der Küchentür.

Während Stewardeß Brenda am zweiten Nachmittag Tee serviert, füllt sich das Oberdeck, das eine vierköpfige Kartenspielergruppe aus Missouri bis dahin fast für sich allein hatte. Einfahrt in die Rocky Mountains – Kurs auf Jasper, von wo aus es nach einem kurzen Stopp auf Serpentinentrassen quer durch die Gebirgswelt weiter Richtung Pazifik geht. Hier reißende Flüsse, dort Gänseblümchenwiesen an den Hängen, gegenüber schneebedeckte Gipfel, plötzlich Tunnel, danach Tannenwälder, dann spiegelglatte Gebirgsseen mit türkis-schillernder Oberfläche.

Erst 1885 wurde die Trasse durch die Rockies zum Pazifik vollendet. Die Eisenbahn war es, die Kanada zu einer Nation zusammenschweißte. Erst sie war es, die den Siedlern den Weg nach Westen ebnete. Nur fünf Jahre dauerte es, die Strecke in einer gewaltigen Kraftanstrengung zu bauen.

Die dritte Nacht im Zug: ein letztes Glas kanadischen Wein im Barwagen, neue Geschichten aus dem Leben der Mitreisenden, ein letzter Blick aus den Glasfenstern des Panoramawagens. Wieder wölbt sich dieser grandiose Sternenhimmel über dem Zug. Immer noch dieses beruhigend monotone Rattern. Pünktlich um kurz vor neun Uhr morgens wird der Ozean erreicht sein: Einfahrt in Vancouver – 4467 Kilometer, 73 Stunden, drei Zeitzonengrenzen und einen ganzen Kontinent nach der Abfahrt in Toronto.

Im Wasserflugzeug vors Hotel

Weltstadt am Pazifik: wo »Akte X« gedreht wird

»Irgendwie kommt dir das alles bekannt vor«, schießt es durch den Kopf. »Verspiegelte Fassaden, die dir sogar aus der Hubschrauberperspektive vertraut sind. Verschachtelte Skyscraper wie Schlösser mit grünen Kupferdächern aus der Frühzeit der Wolkenkratzerära als Déjà-vu, dazu Straßenzüge, Vorfahrten, Villen – alles schon mal gesehen«. Vancouver ist ein Aha-Erlebnis. Ein bißchen Chicago, ein bißchen New York, Erinnerungen an San Francisco. Plötzlich hast du den Geschmack von Eiskonfekt auf den Lippen, hörst in Gedanken die Erkennungsmelodie der Langnese-Kinowerbung, siehst vorm inneren Auge unzusammenhängende Szenen aus völlig verschiedenen Filmen ablaufen, siehst Hollywoodstars durchs Bild hechten. Vancouver hat seine Skyline schon Dutzenden nordamerikanischen Großstädten geliehen, war Model für Chicago, Double für Manhattan und trägt seinen Spitznamen zurecht – »Hollywood North«. Selbst China, Hongkong, die Türkei, Vietnam und Frankreich hat Vancouver bereits gedoubelt. Eine Stadt mit vielen Gesichtern.

Ein paar Hundert Kinofilme und TV-Serien wurden hier zu Füßen der Rocky Mountains in Westkanada gedreht. Jedes Jahr kommt mehr als ein Dutzend Filme hinzu – Serienfolgen nicht mitgezählt. Eine der bekanntesten davon ist auch in Europa ein Fernseherfolg: »Akte X«.

Kein Vancouver-Besuch, bei dem man nicht Scheinwerferwagen in den Straßen sieht, Lichtsegel und Holzkulissen im Stanley Park, Kameras auf schwenkbaren Kranauslegern und hektisch herumspringende Regisseure mit rudernden Armen und der tief in die Denkerstirn gezogenen Baseballkappe.

Die Produktionskosten in der größten Stadt der kanadischen Westküstenprovinz British Columbia sind niedriger als in den USA, die Stadtverwaltung ist kooperativ, die Kulisse ideal, das echte Hollywood nur zwei Tagesreisen mit dem Lastwagen entfernt, Material aus den Filmschmieden Kaliforniens also schnell heranzuschaffen. Und in den Drehpausen kann man am selben Tag wahlweise Segeln gehen oder Skifahren – und das rund ums Jahr. Die klimabegünstigte Lage zwischen Rocky Mountains und Pazifik macht es möglich. Kein Wunder, daß Vancouver als eine der lebenswertesten Städte der Welt gilt.

Der sommerliche Temperaturdurchschnitt liegt bei zwanzig und im tiefsten Winter bei plus 2,4 Grad. Schnee ist in Vancouver die Ausnahme – dafür regnet es in den Wintermonaten viel. Der Frühling kommt für kanadische Verhältnisse schnell. Bereits im April stehen Stanley- und Queen-Elisabeth-Park in voller Blüte.

In weniger als einer Fahrtstunde ist man zum Wandern oder Skifahren in den Bergen, in weniger als 45 Minuten an einsamen Seen mitten in menschenleeren Wäldern, in zehn Minuten von der Innenstadt aus am Yacht- und Seglerhafen oder zum Baden an einem der Strände von Kitsilano- bis Wreck-Beach.

Morgens um sieben am Burrard Inlet: Die Sonne ist längst über den Gipfel des Mount Seymour am gegenüberliegenden Ufer geklettert und strahlt herab auf die Wolkenkratzer von Downtown. Zwei Kreuzfahrtschiffe haben vor ein paar Minuten direkt gegenüber des Hotelfensters am futuristischen Terminal festgemacht, das ursprünglich als kanadischer Pavillon für die Weltausstellung 1986 gebaut wurde. Leises Knattern entwickelt sich zum gleichmäßigen Brummen und schwillt schließlich zu röhrenden Motorengeräuschen an – nicht weiter störend, nicht brutal laut, aber irritierend. Des Rätsels Lösung gleitet wenig später vorm Fenster vorbei und verschwindet bald darauf am Morgenhimmel. Wasserflugzeuge nutzen die Bucht zwischen Stanley Park und Canada Place Pier als Startpiste. Eines nach dem anderen – an diesem Morgen ein gutes Dutzend hintereinander. Sogar eine schwimmende Tankstelle ist dort draußen auf dem Wasser verankert, das Wasserflugzeug ein alltägliches Verkehrsmittel. Von hier aus kurven Freizeit- oder Charterpiloten hinüber nach Vancouver Island, nehmen Kurs auf die Küste der Provinz British Columbia oder steuern die Bergseen des Binnenlandes an.

Stanley Park, die Grüne Lunge von Vancouver, ist vierhundert Hektar groß. Trotz astronomischer Preise für Baugrund ist noch kein Quadratzentimeter dieses Urwalds mitten in der Stadt von Baulöwen niedergerungen worden. Hier recken sich alte Baumriesen in den Himmel. Hier sind Jogger, Biker und Rollerblader unterwegs. Zehn Kilometer lang ist der Stanley Park Drive, der die Halbinsel umfaßt. Dabei ist der Park weitgehend Wildnis, keine wohlsortierte Aneinanderreihung von Springbrunnen, künstlichen Seen und geharkten Wanderwegen. Stanley Park ist Regenwald mitten in Vancouver.

Im Westend ballt sich die Szene der Stadt: Underground-Kultur, In-Lokale, Discos, immer neue angesagte Restaurants, fast täglich wechselnde Trends, mitten im Gewühl halbnackte Rollerbladerinnen, die an nahezu jeder einsehbaren Stelle gepierct sind, Motorradfahrer mit gelben Bauarbeiterhelmen. Jeder ist sein persönlicher Trend-Guru, und keiner nimmt sich allzu ernst. Das Leben ist Fun – nicht so oberflächlich wie in Santa Monica oder Venice Beach, aber auch längst nicht so schwermütig weltschmerzbeladen wie zu Hause in Mitteleuropa. 35 Prozent der Einwohner Vancouvers sind zwischen 25 und 45 Jahre alt. Im Westend wohnen viele von Vancouvers bekennenden Schwulen und Lesben.

Der hohe Freizeitwert beschert der Stadt überdurchschnittliches Wachstum. Rund 1,8 Millionen Einwohner zählt Vancouver einschließlich der Vororte. Dreißigtausend Kanadier ziehen jedes Jahr in diese Stadt. Aus dem Ausland kommen jährlich weitere dreißigtausend hinzu. Heute ist bereits jeder dritte Einwohner Vancouvers chinesischer Abstammung.

Boom und Zuzug schaden keineswegs. Die Gemeinde bekommt durch die Steuern der zumeist begüterten Neubürger, darunter viele Hongkong-Chinesen, reichlich Geld in die Kassen – so viel, daß sie in verschiedenen Stadtvierteln sogar öffentliche Tennisplätze zur kostenlosen Nutzung angelegt hat.

Die größten Villen in den Nobelvierteln West Vancouvers gehören jenen Hongkong-Chinesen, darüberhinaus viele der neuen Hochhäuser in Downtown. Der Stadt hat das den Spitznamen »Hongcouver« eingebracht. In den Jahren vor der Übergabe Hongkongs an China ließen sich tausende reicher Geschäftsleute aus der Kronkolonie in Vancouver nieder, um mit sicherem Abstand zu verfolgen, was sich in Kowloon tun wird. In ihrem Sog bestand plötzlich Bedarf an Könnern in bis dato unbekannten Berufen. Architekten mußten sich mit Feng-

Shui-Experten zusammensetzen, um Häuser so zu planen, daß der freie Durchzug der Drachen gewährleistet wird. Bäume mußten gefällt, andere gepflanzt, Hügel abgetragen, kreisrunde Löcher in manch einer Villenfassade vorgesehen werden. Alteingesessene Vancouveraner amüsierten sich hinter vorgehaltener Hand. Zu welchen Zugeständnissen die Architekten bereit waren, beweisen heute die Villen mit bestem Blick auf den Park und hinüber nach Downtown. Und um dem asiatischen Gepräge die Krone aufzusetzen, finden jedes Jahr im Juni Drachenbootrennen statt – ein ganzes Wochenende lang. Wie »zu Hause« in Hongkong.

Manch einer witzelt sogar, daß man aus Trotz Chinesisch zur zweiten Amtssprache neben Englisch machen werde, wenn die Separatisten der frankokanadischen Provinz Québec weiter mit ihrer Sprach-Eigenbrötlerei herumnerven und ihr Französisch so stark hervorheben.

Die Internationalität macht viel vom Flair Vancouvers aus. Als ob der ganze Globus zu Gast wäre. Als ob dies der Nabel der Welt wäre. Hier Chinatown, dort Little India, hier italienische Küche, dort Sushi, auf der anderen Straßenseite Hamburger. Hier ein Sikh-Tempel, dort eine orthodoxe Kirche. Vancouver lebt, ist fröhlich, weltoffen, multikulturell im besten Sinne.

Jack »Gassy« Deighton hätte sich das nicht träumen lassen, als er 1867 mit einem Kanu voller Whiskyfässer den Fraser River hinunterpaddelte, sich hier niederließ und einen Saloon eröffnete, obwohl sich in der Gegend so gut wie niemand herumtrieb. Egal, ob es letztlich die Lage oder der Whisky war: Die Siedlung wuchs schnell, auch wenn als offizielles Gründungsdatum erst der 6.

April 1886 gilt. Bei der Namensgebung fühlte man sich dem paddelnden Kneipier dann nicht mehr allzu sehr verpflichtet und taufte die Stadt nach dem Seefahrer George Vancouver. Deightons Spitzname fand Niederschlag in der Bennenung des Gründerviertels, das heute »Gastown« heißt. Die alten Ziegelhäuser wurden in den letzten Jahren vorm Abriß bewahrt, aufwendig saniert und bilden heute ein herausgeputztes Viertel voller Bars und Souvenirshops, in dem sich anders als im Westend vorwiegend die Touristen tummeln.

In den Cafés entlang der Robson Street, Vancouvers Einkaufsstraße Nr. 1 mit allen Top-Namen der Modewelt von Salvatore Ferragamo bis hin zu den US-Trendboutiquen Levis Store, Gap und Banana Republic sitzen junge Leute bei Cappuccino oder einem Glas erstklassigen kanadischen Weins unter freiem Himmel. Sie genießen die Sonnenstrahlen, plaudern, flirten. Mediterranes Flair mitten in einer nordamerikanischen Großstadt. An Wochenendabenden wird die Robson Street sogar für den Autoverkehr gesperrt und in eine Flaniermeile verwandelt. Sehen und gesehen werden auf Vancouvers längstem Laufsteg. Wer hier seine Einkäufe macht, kann in vielen Geschäften auch in US-Dollar oder Yen bezahlen – ein Zugeständnis an Scharen von Shoppingtouristen.

Vor allem die Einheimischen zieht es abends nach Granville Island. Als dieses Industriegebiet unterhalb der Granville Bridge nach und nach verfiel, wurde es plötzlich von der jungen Szene entdeckt. Es entstanden Ateliers, Galerien, kleine Handwerksbetriebe, Cafés, ein Yachthafen, Theater, eine Privatbrauerei, dazu eine Markthalle mit Delikatessengeschäften und Minirestaurants voller Atmosphäre.

Granville Island ist »in«. Mitten im Public Market sitzt Kinderbuchillustratorin Sa Boothyard an einem Klapptisch und verkauft selbstgemachte Linoldrucke. Ein paar Meter weiter gibt es Probehappen von kanadischem Räucherlachs, wieder ein Stück weiter spielt jemand Gitarre.

Wann immer es in Vancouver einen Grund zum Feiern gibt, wird gefeiert. Wann immer sich ein Anlaß für ein kurioses Fest finden läßt, wird eine große Show daraus gemacht – ohne Abendgarderobe, keine Schickimickiparade, eher eine Mitmach-Fete für alle wie beim Sandskulpturenwettbewerb oder der neugeschaffenen »Great Garbage Can Art Competition.«

Auch die Ureinwohner müssen ihre Kultur keineswegs verleugnen. An der Hängebrücke Capilano Suspension Bridge in North Vancouver schnitzt ein Indianer aus einem grob behauenen Baumstamm mit viel Geschick die kunstvollen Masken und Gesichter eines Totempfahls. Er freut sich über Besucher, die ihn ansprechen und mehr über seine Arbeit und seine Kultur erfahren wollen. Er freut sich auch darüber, daß die Kwakiutl- und Haida-Totempfähle im Stanley Park zu den meistfotografierten Sehenswürdigkeiten Vancouvers gehören.

Wenn die Sonne langsam hinter der Lions Gate Bridge, einst die größte Hängebrücke im britischen Empire und bei der Erbauung von der Guinness-Familie privat finanziert, untergeht, dann ist der beste Platz unter den Segeln des futuristischen Kreuzfahrtterminals Canada Place Pier. Die letzten Wasserflugzeuge landen 150 Meter von hier auf dem Burrard Inlet, wenn die Berge am gegenüberliegenden Ufer erst in violett-roten, dann in blaßblauen Schein getunkt werden: der beste Blick der Stadt. Filmreif.

Joe Average – Picasso der Pop Art

Keith Harings Erbe: ein aidskranker kanadischer Künstler malt gegen die Zeit

Durch die halb aufgezogenen Jalousien fällt ein breiter Streifen Sonnenlicht auf den Linolfußboden. Katze Clarabelle genießt die Morgenfrische in dem Studio an der Railway Street und räkelt sich in den Strahlen. Einen halben Meter weiter stehen Farbdosen voller Pinsel auf dem Fußboden. Skizzen liegen verstreut. Ein Windhauch weht von draußen ins Atelier hinein, trägt das Vogelkonzert vom Dach des umgebauten Lagerhauses in Downtown Vancouver ins Innere. Joe Average, 43 Jahre alt und fast über Nacht zum in ganz Kanada bekannten Maler avanciert, genießt diese Stimmung. Sie gibt ihm Kraft. Das Atelier ist zugleich seine Wohnung, ein großer, offener, heller Raum mit hohen Decken – nicht mehr als vielleicht siebzig Quadratmeter.

Der Pop-Art-Künstler, der sein Pseudonym inzwischen als offiziellen Namen in den Paß eintragen ließ, avancierte in kurzer Zeit vom Undergroundmaler zum Szenestar. Die Preise seiner schrillbunten, fröhlichen Ölgemälde legten binnen Jahresfrist um knapp fünfzig Prozent zu. Joe Average auf dem Weg zum Erfolg.

Die Bilder des bescheidenen und stets freundlichen Joe Average bestimmen wieder und wieder das Straßenbild Vancouvers. Auf Stoff gedruckt flatterten sie einen Sommer lang als Banner an den Fahnenmasten der Robson Street. Auf Plakatwänden warben seine Motive eine Spielzeit lang für die neuen Inszenierungen der Vancouver Opera. Was Keith Haring für New York war, ist Joe Average für Vancouver. Selbst in einem Wartesaal des Flughafens der Westküstenmetropole hängt ein großformatiges Triptychon von ihm.

An diesem Morgen wirkt Joe Average müde. »Die letzten Tage waren anstrengend«, sagt er. »Viele Termine, Interviews.« Joe Average, sein Name bedeutet etwa so viel wie Otto Normalverbraucher, hat Aids. Vor bald zwei Jahrzehnten hat er sich infiziert, drei Jahre später hat er die schreckliche Wahrheit erfahren. »Ich bin Alkoholiker gewesen, habe Drogen genommen, dann auf einen Schlag damit aufgehört. Es wurde höchste Zeit, ich hatte keine Wahl mehr. It was just a survival thing.« Er stellte sein Leben von einem Tag auf den anderen um und wollte nur noch das tun, was ihm Spaß macht: malen.

Der Durchbruch ließ nicht lange auf sich warten. Bilder gingen nach San Francisco, sogar nach Europa. Selbst die »Vancouver Art Gallery«, das Museum für Moderne Kunst in seiner Heimatstadt, kaufte einen Average für die Sammlung des Hauses. Dabei mag Joe Average Rummel nicht und versucht, sich dem klassischen Kunstbetrieb so weit wie möglich zu entziehen. Er haßt den aufgesetzten Galeriebetrieb, mag Kunsthändler nicht, deren marmorverkleideten Ausstellungsräume Ehrfurcht gebieten und setzt selbst lieber auf Understatement. »Ich würde mich nie trauen, dort als Kunde einen Fuß über die Schwelle zu setzen. Warum soll ich über Galerien verkaufen, in die ich mich nicht hineintrauen würde?« Er stellt fast nur außerhalb herkömmlicher Galerien aus – in öffentlichen Gebäuden, bei Stiftungen, in Bibliotheken zum Beispiel.

Preislich rangieren seine Ölgemälde inzwischen 2500 und 9000 Euro. Numerierte und signierte Drucke seiner Opernplakate gibt es bereits für etwa hundert Euro.

Average, der früher Brock Tebbutt hieß, macht kein Geheimnis aus seiner todbringenden Krankheit – auch nicht daraus, daß er schwul ist. Er malt sich seine Sorgen aus dem Körper, die düsteren Gedanken aus dem Hirn, indem er Bilder voller ungebrochener Lebensfreude, voller Farbe und Optimismus auf die Leinwand bringt. »Ich möchte in den Bildern Liebe und Fröhlichkeit zeigen, nicht düstere Gedanken. Die alles beherrschende Kraft darin soll Optimismus sein. Alles soll Hoffnung sein. Stimmungen, von denen ich mir wünsche, daß sie mein Leben auf dieser Welt tragen. Ich möchte nicht Schmerz ausdrücken. Den habe ich selbst erlebt. Meine Leinwand soll das Gegenteil zeigen, soll die Liebe zeigen, die ich in mir habe.« Er schaut zu Boden, als sei ihm der Gefühlsausbruch ein wenig peinlich. »Ich war immer sehr schüchtern«, sagt er. »Kunst ist mein Weg, zu kommunizieren.«

Dabei hat Joe Average ganz nebenbei einen völlig eigenständigen Stil entwickelt, eine spannende Mischung aus Pop Art und Cartoon. Er macht nicht einmal vor so klassischen Motiven wie Stilleben Halt, sondern reduziert sie auf seine eigene Bildsprache und schafft damit eine neue Betrachtungsweise. Einen Average findet man unter tausend Bildern sofort heraus. Er verschmilzt zahllose Kunstrichtungen: »I don't even know what it is called – ich weiß nichtmal wie man diesen Stil nennen sollte« sagt er. »I guess, it's Pop Art. That's the closest – Pop-art kommt dem am nächsten.« Er überlegt nochmal kurz und nickt stumm zur Bestätigung seiner eigenen Aussage. »Ein paar Linien, die richtigen Farben, ein paar Symbole, feine Schattierungen – so würde ich die Bilder beschreiben«.

Die Konturen der Figuren und Objekte seiner Bilder sind immer schwarz, immer klar abgrenzend. Kontrastierende Farben prallen fast nie direkt aufeinander, sondern sind immer durch diese Linien voneinander getrennt, und doch ist jeder einzelne Farbton fast unmerklich in eine Vielzahl von Schattierungen in unterschiedlicher Leuchtkraft abgestuft. Das gibt den Bildern Leben und Vielfalt. Das ist es, was ihnen diese besondere Strahlkraft verleiht, als wären sie von der Rückseite beleuchtet.

»Ich liebe Kontraste, nicht einzelne Farben. Aber ich bevorzuge die Grundfarben, vor allem Rot und Blau. Ich liebe die Farben der Blumen und möchte das Glücksgefühl auf die Leinwand bringen, das man beim Betrachten von Blumen hat. Das ich dabei habe.«

Hyazinthen auf der Fensterbank, Lilien auf dem großen Glastisch, Rosen in einer Bodenvase nicht weit von der Staffelei. Das ganze Atelier steht voll mit Blumen.

Joe Average reduziert auf das Wesentliche und verschmilzt dabei in vielen Werken fast nebenbei immer wieder verschiedene Perspektiven zu einem Gesamteindruck wie Picasso in seinen Glanzzeiten. »Der Stil entstand während der Arbeit. Es macht mich glücklich, wenn man überhaupt einen typischen Stil in den Bildern erkennt. Aber er war nicht geplant, nicht vorher gedanklich konzipiert. Er geschieht einfach so, wenn ich zu malen beginne. Und doch: It takes a lot of me – es kostet viel Kraft. Kunst fließt nicht einfach aus mir heraus.«

Joe Average hat seine Kunst dem Kampf gegen

Aids verschrieben und stiftet viele seiner Werke für Versteigerungen zugunsten von Aids-Charity-Aktionen, schenkt sie Krankenhäusern und Wohltätigkeitsorganisationen. Er schuf eine Grafik, die ausschließlich wie eine Urkunde an Leute verliehen wird, die sich besonders aufopferungsvoll im Kampf gegen den HIV-Virus und seine Folgen einsetzen. Das Motiv nennt er ein Selbstbildnis: ein Schwarm stilisierter Bienen, die alle von rechts nach links vor grünem Hintergrund entlangbrummen. Eine nur ist am unteren Bildrand auf Gegenkurs. Er kramt die Grafik hervor, zeigt strahlend auf jene Biene: »That's me.«

Es lag auf der Hand, ihn mit der Gestaltung des offiziellen Plakats zur »XI. International Conference on Aids« mit über zehntausend Teilnehmern im Sommer 1995 in Vancouver zu beauftragen: vier in Farbflächen zerlegte Gesichter unterschiedlicher Hautfarben, die nah beeinander sind, als ob sie ohne Berühungsängste miteinander tuschelten und zwei davon sich sogar küßten.

Es hing in jenen Tagen als Poster an jeder Ladentür, war als T-Shirt-Motiv ein Renner. Und es ist inzwischen als Kanadas erste Anti-Aids-Briefmarke veröffentlicht. Ein echter Average für 45 Cent – erhältlich an jedem Postschalter im zweitgrößten Land der Erde.

Der Maler freut sich darüber, ist stolz darauf, mit seiner Kunst Anerkennung gefunden zu haben. Er sah sich immer als Einzelgänger, sagt, er habe inzwischen neunzig Prozent seiner engen Freunde an diese heimtückische Krankheit verloren. Er schaut zu Boden, verstummt einen Moment und zieht seine Katze eng zu sich heran.

Joe Average hat Angst. Er zeigt sie nicht offen,

spricht eher beiläufig vom vergangenen Jahr, als es ihm bereits sehr schlecht gegangen sei. »Aber zur Zeit geht es zum Glück wieder.« Äußerlich anzusehen ist ihm nichts. Der Mann sieht gut aus, sportlich, braungebrannt, freundlich, ein offener, sympathischer Typ mit nachdenklichem Blick. Geduldig ist er, und interessierte Augen hat er. Aber sein Händedruck wirkt schlaff. Er streichelt wieder seine Katze Clarabelle. Auch in den Bildern taucht sie gelegentlich auf – einmal in seltsame Segmente zerlegt in einem Goldfischglas. Zwangsläufig drängt sich ein Vergleich zum Kubismus auf. Er hat ihn neu definiert, aktualisiert und mit der Pop-art verschmolzen. Viele seiner Bilder rufen ein solches Aha-Erlebnis hervor. Er würde das nie selbst behaupten, nicht einmal bestätigen, sondern nur sagen »Oh, do you think so? Thank you.« Sekundenlang würde ein Lächeln über sein Gesicht huschen. Manchmal glaubt man, er ist sich der Dimension dessen gar nicht bewußt, was da aus seinem tiefsten Inneren auf die Leinwand drängt, wenn er malt.

Joe Average ist ein Autodidakt. Zur Kunstschule ist er nie gegangen. Er hat Vorbilder, aber er kopiert niemanden: »Ich bin ein großer Fan von David Hockney, von Roy Lichtenstein, Andy Warhol, von Picasso und Matisse, mag vieles von Keith Haring. Die Bilder dieser Maler machen mir Mut, mit meinem Stil weiterzumachen. Alle diese Künstler haben Dinge getan, die niemand erwartet hat, haben nicht ›mainstream art‹ hervorgebracht. Und alle haben es mit ihren Visionen zum Erfolg gebracht – they succeeded with their own vision.«

Viele Kunstbücher hat er sich angeschaut, Bilder in sich aufgesogen, ist nach New York gereist, um in den Museen dort Gemälde Picassos im Original ansehen zu können. Die kunstgeschichtlichen Hintergründe interessieren ihn kaum, Theorie und Geschichte sind nicht seine Welt. Vielleicht ist es das, was die Kraft seiner Bilder ausmacht: der respektlose und dennoch bewundernde Umgang mit seinen Vorbildern, die fehlende Fixierung auf ein einzelnes Idol. Die Tatsache, daß er nur für sich und seine Gefühle malt, nicht für Kritiker, Käufer, Galeristen.

Joe Average malt gegen die Zeit. Im Jahr bringt er es im Schnitt auf 35 bis 40 Bilder, wovon er etwa 30 verkauft. Die anderen schenkt er Stiftungen. Er kramt ein Foto hervor, das ihn gemeinsam mit Liz Taylor bei der Charity-Versteigerung eines seiner Werke zeigt.

Seit 1985 malt er, seit 1988 intensiv. Erst seit 1993 ist sein Werk lückenlos dokumentiert. Vorher hat er keinen Fotoapparat besessen.

Joe Average spricht so bescheiden über seine Arbeit, als habe er gar nicht wahrgenommen, daß seine Bilder in Posterform an jeder Ladentür hängen. Daß junge Leute seine Motive auf T-Shirts tragen. Daß Menschen überall in Kanada sie mit Zackenrand auf ihre Briefe kleben. Daß CDs mit von ihm gestalteten Covers im Handel zu haben sind. Demnächst geht ein bunter Radlerdreß in ganz Nordamerika in den Verkauf, dessen Motive Joe Average entworfen hat.

Schon seit 1992 ist er Ehrenbürger der Stadt Burnaby vor den Toren Vancouvers. Er ist stolz darauf, aber es ist ihm nicht wichtig. Ruhm ist unbedeutend, wenn man über den Tod nachdenkt. Joe Average ist gedanklich auf einer ganz anderen Ebene unterwegs, auf der Erfolg keine große Rolle spielt. Äußerungen, die resigniert klingen, sind nicht so gemeint: »Sollte ich wirklich je bekannt werden, dann erst nach meinem Tod.« Dieser Satz ist bereits von der Realität widerlegt.

Der Mann hinter dem Regenbogen

Zu Besuch bei einem Medizinmann der Cree-Indianer

Paßkontrolle bei der Einreise nach Kanada am Flughafen von Toronto. Der Beamte hinterm Schalter erfragt das Ziel der Reise und staunt dem Fremden aus großen, verständnislosen Augen entgegen. »Saskatchewan? Was zum Donner wollen Sie ausgerechnet in Saskatchewan? Warum fahren Sie nicht lieber nach Montréal oder Québec-City? Gerade Saskatchewan!« Er grinst mitleidig und knallt nach einigem Frage- und Antwortspiel seinen Stempel in den Paß: »Welcome to Canada.« Und mit breitem Lächeln: »Enjoy Saskatchewan.« Der ironisch-freundliche Unterton ist nicht zu überhören.

Die Prärieprovinz im Zentrum des Landes genießt den Ruf, stinklangweilig zu sein. Wer dort geboren wurde und nicht zufällig Indianer ist, will weg aus Saskatchewan. Und Kanadier von anderswo wollen gar nicht erst hin – Ausländer sowieso nicht. Wer nach Saskatchewan fährt, wird für einen Sonderling gehalten. Egal.

Ted Hornung sieht das mit den Sonderlingen ganz anders – muß er zwar von Dienst wegen, denn er arbeitet in der nur eine Handvoll Leute starken Tourismusbehörde von Saskatchewan in der Hauptstadt Regina, aber auch nach Feierabend liebt Ted seine Heimat noch: »Die Weite. Zelten in der Einsamkeit. Das Siedlergefühl. Die PowWow-Feste der Indianer. Unerschlossene Wälder in der Nordhälfte der Provinz, die Bären und das Great-

Western-Bier: Deswegen bin ich gerne hier.« Teds heimliche Passion ist das Jagen. Mit seinen schätzungsweise 260 Pfund Lebendgewicht macht er sich in den Wäldern nördlich des Prince-Albert-National-Parks auf Pirsch nach einem der über dreißigtausend Schwarzbären Saskatchewans.

Landeanflug auf Regina: Seit Ewigkeiten ist der Himmel so rot, als ob man direkt in die Glut eines der Lagerfeuer der Cree- oder der Dene-Indianer hineinfliegt. Unter der Maschine nichts als Äcker, mittenhindurch ein schnurgerader Highway. Trucks und zwei Wohnmobile sind aus der Luft zu erkennen. Wogende Weizenfelder. Ein bißchen Phantasie genügt, um dort hunderttausendköpfige Bisonherden hin zu projezieren, dazu zahllose Indianer hoch zu Roß, Zeltstädte, Rauchzeichen. Und um Trommelwirbel zu hören.

Es gibt vermutlich kein Land auf dieser Welt, das platter ist als Saskatchewan – wie von der Natur mit der Walze planiert und der Wasserwaage überprüft. Stundenlang sieht man die Sonne hier untergehen, auch wenn sie eigentlich schon ganz woanders untergeht. Nichts versperrt den Horizont. Kein Hügel, erst recht keine Gebirgskette, kaum eine Bodenwelle. Die Prärie Nordamerikas – Saskatchewan, die Weizenprovinz mitten in Kanada, ist flach wie ein Pfannkuchen.

Einst war alles das, wo heute die Hälfte des gesamten kanadischen Getreides gedeiht, nichts als Indianerland. Dene, Dakota und Cree sind hier zu Hause gewesen. Noch heute stellen die indianischen Ureinwohner 45 Prozent der Bevölkerung von Saskatchewan. Mit ihren von der Steuer befreiten Reservaten erwirtschaften sie Gewinne, die sie für den Ankauf angrenzenden Farmlandes aufwenden und so stetig die Reservatsgrenzen erweitern. Clevere und selbstbewußte Nachfolger der Präriekrieger von einst. Sie entdecken ihre Traditionen neu, verleugnen ihre Vergangenheit und Kultur keineswegs. Und Ted Hornung geht jedesmal hin, wenn irgendwo ein Indianerfest angekündigt ist. Die freuen sich darüber und sehen den korpulenten Weißen aus der Hauptstadt keineswegs als Störenfried.

Die Hälfte der Fläche dieser Provinz ist unbewohnte Wildnis. Rund hunderttausend Seen gibt es hier. Im statistischen Mittel leben pro Quadratkilometer weniger als drei Menschen. Rechnet man die beiden Großstädte Regina, Saskatoon und das Provinznest Prinz Albert als drittgrößte Siedlung heraus, schrumpft die Zahl weiter. Die Chancen, jemandem zu begegnen, sind gering.

Die Highways von Saskatchewan verschwinden am Horizont im Himmel: schnurgerade Straßen wie mit dem Lineal auf dem Reißbrett gezogen. Marksteine am Horizont sind die knallroten oder silbernen »Kathedralen der Prärie« – so zumindest nennt Weizenfarmer Greg Norman aus Osler schwärmerisch diese Kolosse, die längst so etwas wie die Wahrzeichen Saskatchewans geworden sind. Immer ein über dreißig Meter hoher Turm, ein gewaltiges »Kirchenschiff« und immer mindestens ein Eisenbahngleis in unmittelbarer Nähe: »Grain Elevators«, Getreidefahrstühle, heißen diese hölzernen Kolosse, in denen der Weizen gewogen, sortiert und über einem verwirrenden Netz von kleinen Förderbändern und Baggerschaufeln in verschiedenen Kammern geschafft und bis zur Verladung auf den nächsten Zug gelagert wird.

Ein Sonntagnachmittag in Liberty am Highway

2 nördlich von Regina: ein Rugbyfeld am Straßenrand. Gespielt wird vor dem Hintergrund von gleich drei Grain Elevators. Rund ums Spielfeld herum stehen geparkte Autos mit dem Führerhaus zum Platz gewandt. Die Zuschauer hocken mit Popcorn und Cola in der Hand auf ihren Autositzen, starren gebannt durch die Frontscheibe auf das, was draußen vor sich geht und fiebern mit ihrer Mannschaft.

Wann immer man Dutzende Kilometer weit entlang der Straßen nichts als menschenleeres Land gesehen hat, kommt unvermittelt so etwas wie Glücksgefühl auf, wenn sich in der Ferne endlich wieder einer dieser Grain Elevators abzeichnet. Das bedeutet: zumindest ein Hof in der Nähe, ein paar Häuser, eine Tankstelle und sicher auch eine Bar oder Truckerkneipe, wo Typen wie der flachsblonde Greg Norman ihr »Great Western« stemmen und die Pioniertage noch lebendig sind. »Warum abhauen aus Saskatchewan?« fragt er. »Gibt's denn in Montréal auch Grain Elevators?« Er stellt sich naiv. Sollen doch alle ihre Witze über Saskatchewan reißen. »Nirgendwo ist das Land so herrlich platt wie hier, nirgendwo sonst dauern die Sonnenuntergänge so viele Stunden. Hier auf der anderen Straßenseite bin ich geboren. Hier ist auch mein Vater geboren. Hier steht mein Elternhaus. Dies ist die Gegend, in der ich mich auskenne und in der ich mich wohlfühle. Saskatchewan den Rücken kehren? Nie!« Greg hätte sich mit dem Immigration Officer am Flughafen von Toronto unterhalten sollen. Er hätte ihn glatt am Schlafittchen gepackt und nach Osler geschleift, um ihn vor Ort von den Vorzügen dieser Gegend zu überzeugen.

Für Geselligkeit sorgen weiter nördlich allenfalls Schwarzbären, Wölfe, zahllose Elche und ein Milliardenheer von Mücken – die wahren Herren im Prinz-Albert-National-Park, in Gegenden, wo keine Straßen mehr nordwärts in die Wildnis hineinführen. Gegenden, wo man nur mit dem Wasserflugzeug hingelangt. Pfade, die man nur mit indianischen Führern an der Seite erwandern kann. Die Gegend, wo Ted auf Pirsch geht. »Die Bärenpopulation hat stark zugenommen und ist gefährlich geworden für den Elchnachwuchs. Jedes Frühjahr und jeden Herbst werden streng begrenzte Abschußquoten festgelegt. Nur wer eine solche Lizenz erwirbt, darf auf Bärenjagd gehen. Blutrünstler und schießwütige Chaoten sollen ferngehalten werden«, sagt er.

Für die Cree-Indianer, deren Vorväter in der Gegend nördlich des Städtchens Prince Albert zu Hause waren, sind die gewaltigen Buchen- und Nadelwälder spirituelle Orte, wo sie Mutter Erde nah sein können. Plätze zur Besinnung auf sich selbst.

Cree-Ältestenratsmitglied Smith erzählt Besuchergruppen im indianischen Wanuskewin-Kulturzentrum bei Saskatoon mit leiser Stimme die Geschichte seines ungewöhnlichen Vornamens: »Es ist der Nachname eines der ersten weißen Siedler gewesen, mit dem sich mein Vater vor über einem Jahrhundert angefreundet hat. Ihm zu Ehren hat er seinem Sohn den Namen Smith gegeben.« Die Behörden hatten etwas gegen diesen Vornamen einzuwenden, bis Smiths indianischer Vater ihnen diese Geschichte erzählt hat. Siedler Smith seinerseits war damals in den Amtsstuben an der Seite des Indianers und bestätigte die ungewöhnliche Vorgeschichte. Den Zuhörern ist die Rührung anzumerken.

Cree Smith, heute an den Rollstuhl gefesselt, ist einer der »Väter« von »Wanuskewin«, was in der Cree-Sprache »Platz im Einklang mit der Natur« bedeutet. Er hat sich für dieses Zentrum indianischer Kultur stark gemacht. Der Besucherandrang gibt ihm heute recht. Immer mehr »Weiße« interessieren sich für die Geschichte der Rothäute, deren Land sie bereisen. Und auch Bären- und Bierfreund Ted ist glücklich darüber. »Der erste Büffel«, erzählt Smith, »ist nach unserem Glauben aus einem gewaltigen Felsbrocken entstanden. Schaut euch um: Überall liegen hier Felsbrocken, als seien die letzten Büffel auf einen Schlag versteinert worden. Für uns ist dies ein heiliger Ort. Spürt die Spiritualität dieses Platzes. Sehen die Felsen nicht aus, als würden sie eines Tages wieder zu Fleisch werden und aufstehen? Als würden die Büffel von hier aus wieder zu hunderttausenden durch die Prärie ziehen?«

Vor Jahren waren Crees aus Wanuskewin eingeladen, in einer Kongreßhalle in Toronto traditionelle PowWow-Tänze aufzuführen. Sie sind vorzeitig wieder abgereist. Die Tänzer konnten Mutter Natur nicht spüren. Ihre Füße mußten sich über Beton bewegen.

In den Straßen von Saskatoon oder der Provinzhauptstadt Regina würde Ray La Valle nicht weiter auffallen: bunt gefärbte Jeansjacke, darunter ein Allerwelts-T-Shirt, Stoffhose, dazu ein fülliges Gesicht mit nur wenigen markanten Linien. Zwischen die schwarzen Haare, die ihm in die Stirn fallen, haben sich die ersten grauen gemogelt. Äußerlich ein ganz normaler Durchschnittsnordamerikaner.

Ray La Valle ist einer der letzten Medizinmänner der Crees in Saskatchewan – hochgeachtet von seinem Volk. Sein indianischer Name lautet übersetzt »Der Mann hinter dem Regenbogen«. Für die Alltagswelt der Bleichgesichter wurde daraus Ray: »Das spricht sich leichter«, meint er.

Der Medizinmann wird heute über tausende Kilometer weit kreuz und quer durch Kanada eingeflogen, wenn ein Stammesbruder oder eine Stammesschwester schwer erkrankt ist, die Schulmedizin die Segel gestrichen hat und es keine andere Hoffnung mehr gibt. Ray tanzt, singt und redet dann bis zur völligen eigenen Erschöpfung am Krankenbett, führt geheimnisvolle Riten und Zeremonien durch. Er setzt Wundermittel und Kräuter ein, deren Wirkung ihm seine Großmutter erklärt hat. Und er hat oft Erfolg damit.

Wie eine gewaltige Ackerfurche zieht sich das Qu'Appelle-Valley über hundert Kilometer weit durchs Land, links und rechts sanft ineinandergeschobene Hügel wie aufgepflügte Erde, in der Mitte mal Prärie, mal kleine Wäldchen, durch die Bäche plätschern. Dort, wo das Land urbar gemacht wurde, weiden Kühe. Im Piapot-Reservat aber ist noch alles im Urzustand. Kamuskeykabeka heißt in der Cree-Sprache der Abschnitt des Tals, wo Ray die Bestandteile seiner Medizin findet.

Er bricht Rinde von einem Ast, aus der er eine vielseitig anwendbare Arznei gewinnt, sammelt Baumpilze, pflückt Gräser und Kräuter. Dabei summt er die Lieder seiner Väter. Hoch über dem Tal zieht ein Falke seine Kreise am kobaltblauen Sommerhimmel. In der Nähe stehen ein paar Tipis, die traditionellen Zelte der Indianer – aufgebaut in der vagen Hoffnung auf Touristen, die Ray hier beherbergen will.

Sein Plan, um die Kultur der Cree-Indianer am Leben zu erhalten: Er will Einheimische wie Fremde durch Kamuskeykabeka führen und die Natur erklären, will am Lagerfeuer über die Kultur der Cree sprechen, über die Geschichte und die Legenden der ersten Amerikaner erzählen, will Fremden Augen und Ohren für seine Welt öffnen und mehr Verständnis wecken. Andere Medizinleute kritisieren das. Sie fürchten, daß dabei wohlgehütete Geheimnisse preisgegeben werden könnten. Ray wischt das vom Tisch, ohne sich mit deren Argumenten auseinanderzusetzen: »Das ist das Problem der Kritiker, nicht meines«.

Hinter seinem Wohnhaus hat er, der längst nicht mehr im Zelt übernachtet, eine Hütte voller Wundermittel. In den Regalen dort türmen sich kleine Säckchen und Schachteln mit Ingredienzien gegen jede Art von Gebrechen: »Sie einfach einzunehmen, genügt nicht, denn zur Anwendung gehört die passende Zeremonie, der richtige Gesang, Tanz, die Beschwörung, das Gebet.« Die Medizin wirkt nur in Kombination mit dem Auftritt des Medizinmanns.

Auch Bisonschädel bewahrt Ray hier auf. Wenn er seine Zeremonien abhält, müssen diese Schädel nach strengen Regeln drappiert werden. Den Einwanderern ist es gelungen, die millionenköpfige Bisonpopulation Nordamerikas binnen kürzester Zeit auszurotten. Heute bevölkern Nachzüchtungen in noch sehr kleiner Zahl wieder die Weiten Saskatchewans.

Wenn der Medizinmann am Lagerfeuer mit leiser Stimme von damals erzählt, von den Überlieferungen seiner Vorväter, dann meint man manchmal, man könnte von Ferne die donnernden Hufschläge heranahender Bisonherden hören. Seine Gebete spricht Ray in der Cree-Sprache. Kein

Fremder versteht ihn mehr, und doch hängen alle an seinen Lippen.

Schon bald will er seiner Tochter das Geheimnis des Regenbogens lüften. Sie soll erfahren, was er vor Jahrzehnten von seiner Großmutter erfuhr. Sie soll in die Geheimnisse der Cree eingeweiht werden, die Traditionen und das geheime Wissen um die Wunderwirkung ihrer Medizin in die nächste Generation hinüberretten. Zur Zeit geht sie noch zur Schule, aber auch sie hört ihrem Vater gebannt zu, wenn er erzählt.

Sein Haus im Piapot-Reservat ist unindianisch – ganz anders zumindest als man sich als Fremder das Quartier eines Cree-Medizinmannes vorstellen würde: ein eingeschossiger Holzbau mit Terrasse, Einbauküche, Ledersofa, mäßig geschmackvollen Neo-Jugendstillampen, Toilette mit Wasserspülung. Indianisch dagegen ist die Fülle des Hauses: viele Menschen, immer Besuch. Irgendwann klingelt das Telefon in alle Gespräche der Sofarunde hinein. Ein Notruf, Ray wird um Hilfe gebeten. Ein Mädchen aus dem Nachbarort hat sich am Bein verletzt, und die Blutungen stoppen nicht. Ray holt ein paar Kräuter und Zeremoniegegenstände aus der Hütte. Im Gehen gesteht er noch schnell, daß Autofahren seine große Leidenschaft sei, schwingt sich auch schon auf den Fahrersitz seines Geländewagens und düst davon. Am Heck des Autos prangt die Bezeichnung der Baureihe: »Cherokee Chief«. Ein anderer Stamm zwar, aber zünftig.

Squaredance bei Wild Bill

Von fröhlichen Cowboys, schottischen Schlössern und rauschenden Wasserfällen

Der Name ist Programm: Wild Bill – ein Saloon wie einst im Wilden Westen. Draußen ist es dunkel, die Sterne funkeln über der Hauptstraße. Die Dean Mitchell Band aus Calgary spielt seit zwei Stunden Country-Songs, Livemusik zu blinkender Budweiser-Reklame über der Bühne. Sängerin Eileen schmettert ihre Hymnen auf vergangene Zeiten mit rauchiger Stimme wie Kim Carnes in den Raum mit langem Tresen an der Stirnseite, bringt die Cowboys in Stimmung. Spätestens bei den ersten Takten Squaredance ist niemand mehr zu halten: zahnlose Opas unterm Cowboyhut schwingen das Tanzbein Arm in Arm mit Ladies in rosa Jogginganzügen, Jeans-Jünglinge mit Gewichtsproblemen Seite an Seite mit Schönheiten aus der Nachbarschaft, robuste Naturburschen mit fröhlichen High-School-Schülerinnen. Fremde sind die Ausnahme, wenn Banff abends bei Wild Bill feiert, das Barbecue brutzelt, das Bier in Strömen fließt und die Stimmung nicht besser sein könnte. Josh, einer der Naturburschen am Tresen, hat gerade eine Lokalrunde geschmissen.

Neben der Tür zur Straße steht eine Waage ohne Zeiger, ein Schild über der Ausgangstür wünscht »Happy hunting«. Ein bißchen ist geblieben von den wilden Tagen im Westen, von der Aussteiger- und Gesetzlosen-Romantik auf dem Trek durch die Rocky Mountains hier in der Kleinstadt Banff.

Der 6640 Quadratkilometer große Banff-Nationalpark ist der älteste Nationalpark Kanadas – der Stadtstaat Hamburg würde flächenmäßig fast neunmal hineinpassen. Der Mann, der diese Gegend auf die Landkarte gehoben hat, hieß William Cornelius van Horne. Der Eisenbahn-Tycoon ließ seine »Canadian Pacific Railway« in den 1880er Jahren in Rekordgeschwindigkeit vom Atlantik aus quer durch Nordamerika bis hinüber zum Pazifik bauen. Eine ungeheure Kraftanstrengung. Die Eisenbahn war es, die dem Land einmalige Hotels brachte – errichtet nahe der Strecke auf Geheiß jenes spleenigen van Horne, konstruiert nach dem Vorbild schottischer Schlösser.

Wenn der erste Zug wieder ein paar Dutzend Gleiskilometer weiter Richtung Westen fuhr, war der General Manager immer mit an Bord – und wenn er von der Landschaft besonders beeindruckt war, ließ er den vollbesetzten Zug anhalten, packte seine Staffelei aus und bannte das Szenario am Bahndamm in stundenlanger Feinarbeit auf Leinwand. Überwältigte ihn der Eindruck völlig, ließ er an Ort und Stelle ein Hotel errichten. So zumindest geschah es mit dem Banff Springs Hotel. Sein Konzept reduzierte er auf einen Satz: »Wenn wir das Panorama nicht von hier wegschaffen können, dann müssen wir die Touristen eben herbringen.«

1888 eröffnete das Flaggschiff der damaligen Canadian-Pacific-Eisenbahnhotelgesellschaft. Am Eingang zum großen Ballsaal der heute über achthundert Zimmer umfassenden Edeladresse hängt noch immer ein Werk des Bauherren von einst. Eines dieser Gemälde, für die van Horne den Zug anhalten ließ.

Nur zwanzig Minuten Fußweg von Wild Bill

entfernt und doch eine ganz andere Welt: Klassik statt Countrymusik, vornehme Zurückhaltung statt hemdsärmeliger Tanzparty. Das Banff Springs Hotel ist ein robuster Palast mit Felsfassade und grünem Giebeldach, eine Burg mit zahllosen Erkern, Türmchen und Terrassen, mit breiten Freitreppen und engen Stiegen, mit nachgebautem Rittersaal, mit mehr als einem Dutzend Restaurants, Lounges und einer Sushi-Bar im Tiefgeschoß.

Die Golfer auf dem hauseigenen 27-Loch-Platz haben sich an den Anblick gewöhnt und holpern mit ihren Elektro-Golf-Carts auf kleinen Umwegen zum nächsten Abschlag: Röhrende Hirsche trotten am hellichten Tage ebenso sorglos wie ungehemmt mitten über das Grün zu Füßen von Sulphur- und Tunnel-Mountain, umgeben von schneebedeckten Dreitausendern. Am Putting Green der Anfänger rotten sie sich jeden Nachmittag zusammen. Für Golflehrer Craig Goldman kein Problem: »Wenn denen die Bälle zu nah kommen sollten, rücken sie ein paar Meter weiter. Und wenn wir ihnen nicht zu nah kommen, gibt's keine Probleme. That's Banff!« Er lacht. »So lang's nur die Hirsche sind und die Bären im Dickicht bleiben, ist doch alles okay.«

Sechshundert Millionen kanadische Dollar hat die heutige Fairmont-Canadian-Pacific-Hotels-&-Resorts-Gruppe in den letzten Jahren in die Renovierung ihrer Traditionshotels investiert. Weitere Schlösser und Luxuslodges andernorts in den Rockies sind hinzugekommen: zuletzt erst 1989 das Château Whistler eine Fahrtstunde östlich von Vancouver, schöner noch das bereits 1890 eröffnete Château Lake Louise eine dreiviertel Stunde nördlich von Banff. Der See an dessen Ufer dieser Prachtbau steht, ebenfalls ein auf Geheiß van Hornes errichtetes Haus mit Panoramablick inmitten der steil aufragenden Berge, ziert das Cover der meisten Rocky-Mountains-Bildbände.

Rose Montgomery, Urlauberin aus New York, kann das verstehen: Die Bankierswitwe »sammelt« Seen und bereist nach eigenem Bekunden weltweit die besten Hotels an den schönsten Seen. Hier verschlägt es an diesem Sommernachmittag selbst Rose die Sprache, nachdem sie gerade noch etwas von »incredible beauty« und »never seen before« gemurmelt hat.

Am nächsten Morgen hat Neuschnee die Wälder um den See zart gepudert. Das Dach des Bootshauses trägt ebenso wie die roten Kanus eine hauchzarte Schicht aus Schneeflocken. »Du mußt hier jederzeit auf jedes Wetter vorbereitet sein«, hatte Craig am ersten Tag auf dem Golfplatz von Banff noch geraten. »Schneefall im August, zwanzig Grad plus im Oktober. Alles ist drin«.

Seit jeher locken die Rocky-Schlösser Prominente an. Clint Eastwood und Bette Midler stehen im Gästebuch des Banff Springs Hotel. Bob Hope war hier, dazu namenlose Superreiche und Wirtschaftsbosse, die so anonym bleiben möchten wie Obdachlose in den Straßen Manhattans. Fast täglich bauen sich Hochzeitspaare zum Familienfoto vor dem Portal auf, stehen Limousinen mit »just-married«-Schildern und einer Schleppe aus Blechdosen auf dem Hof. Im Herbst tummeln sich hier japanische Reisegruppen. Halb Hokkaido auf Kanadatrip.

Diejenigen, die es verschwiegener möchten, steuern die exklusive Jasper Park Lodge, eröffnet 1922, mitten im Jasper-Nationalpark 360 Kilometer westlich von Edmonton an. Schon Marilyn Monroe und Robert Mitchum mieteten sich hier für ein Rendezvous in eines der Holzhäuser ein. Unternehmensvorstände leisten sich für Board Meetings das große Blockhaus am äußersten Ende der weitläufigen Anlage, in dem einst die britische Königsfamilie untergebracht war: sechs Schlafzimmer jeweils mit eigenem Bad, großes Kaminzimmer, ein Sitzungsraum ebenfalls mit Kamin, dazu Veranda und Seeblick fürs Zweiergespräch – alles auf Wunsch mit privatem Butlerservice, komplett für umgerechnet über zweitausend Euro die Nacht.

Wer zwischendrin den Kopf durchpusten lassen muß, atmet am nur ein paar Schritte entfernten Lake Beauvert durch, spielt eine Runde Golf auf dem 18-Loch-Platz der Lodge oder staunt den herabstürzenden Wassermassen der nicht weit entfernten Athabasca-Fälle hinterher. So ähnlich dürfte Camp David sein. Ein Ort, an dem einem plötzlich für jedes Problem eine Lösung einfällt und verhärtete Fronten leichter aufzuweichen sind als anderswo.

Auch die Hirsche sind wieder da: ein mächtiger Geweihträger mit zwölf Damen im Gefolge direkt neben den Tennisplätzen gegenüber vom Haupteingang der Lodge. Eichhörnchen toben über den Pfad am Ufer des Lac Beauvert und beobachten die Spaziergänger genauso wie umgekehrt. Ein leiser Wind kräuselt das Wasser. Der Schnee auf den Gipfeln ist weißer, das Grün grüner, die Luft klarer als anderswo auf Erden. Van Horne wäre begeistert gewesen. Wäre es heller, einer wie er hätte sich wahrscheinlich Staffelei und Malutensilien bringen lassen.

Über die Berge ist die Nacht herangekrochen. Von Ferne hört man leise Squaredance-Takte. Die Dean Mitchell Band gastiert heute in der Bar der Lodge und bringt die Cowboyzeit zurück in den Wilden Westen.

Breitwandwestern durchs Autofenster

Poker Creek: am nördlichsten Grenzübergang Kanadas

Überall Haare. Nichts als weiße Haare. Auf dem Kopf sowieso. Im Gesicht. Am Hals. Selbst aus dem Uniformkragen wuchern sie. Als ob der Mann sich Sehschlitze in den Bart geschnitten hätte: Aus der wetterfesten Wolle blinzelt ein freundliches Augenpaar. Lippen bewegen sich und fragen nach dem Reisepaß. Grenzkontrolle in Poker Creek, Übertritt nach Alaska am nördlichsten Grenzübergang Kanadas.

Das selbstgezimmerte Ortsschild verrät statistische Details: »Population of 2« – die Grenzer mitgezählt. Wer nur gut zweihundert Kilometer südlich des Polarkreises Kanada verlassen und in die Vereinigten Staaten einreisen will, muß erst über die Schwelle des Blockhauses von Poker Creek: das grüne Einreiseformular ausfüllen, plaudern, Stempel abholen, plaudern, Einreisegebühr zahlen, plaudern. Und wer keine Dollars dabei hat, dem wird die Gebühr erlassen. Kanadische Banknoten als Ersatz werden vom Hüter der US-Gesetze nicht akzeptiert. Der Bart verzieht sich zu einem Grinsen, die Augen lächeln aus der Wolle heraus: »Keep your bucks, it doesn't matter – behaltet eure Dollars, es ist egal«, sagt die Stimme, während im Hintergrund Tracy Chapman ihre Songs auf Zimmerlautstärke aus dem Kofferradio schmettert.

Aber einen Extrastempel gibt es für die Touristen, die aus der kanadischen Provinz Yukon Territory nach Alaska überwechseln, um auf dem »Top-of-the-World«-Highway im Bogen von Dawson City / Yukon bis hinunter nach Tok in Alaska fahren und von dort den Bogen zurück in den Yukon schlagen. Ehe man sich versieht, prankt ein Caribou aus Stempelfarbe im Paß unter dem offiziellen Einreisesignet – handgeschnitzt. Und erstaunte Blicke werden mit knapper zoologischer Aufklärung quittiert: »Well, a Caribou for you.« Korrekt.

Die Straße zwischen Dawson City und Tok mißt 163 Meilen – der größere Teil der Strecke unter dem Namen »Top-of-the-World«-Highway durch urwüchsige Gebirgslandschaft, das letzte Stück unter dem Namen Taylor Highway über den fast 1700 Meter hohen Mount Fairplay.

Nur ein Teil der Straße ist inzwischen asphaltiert, der Rest besteht aus Schotter, aus Waschbrettern und Schlaglöchern. Mutige quälen sich während der Sommermonate sogar mit dem Wohnmobil über die Pässe – vorausgesetzt es hat mehrere Tage lang nicht geregnet. Weniger ausgeprägte Optimisten versuchen es lieber mit dem Geländewagen und sind klar im Vorteil.

Was vor der Autoscheibe abläuft, ist wie der gewaltige Vorspann eines Breitwandkinowesterns, der »Wildnis« heißt und Wirklichkeit ist: Landschaft ganz ohne Wanderwege, kristallklare Seen ohne Häuser am Ufer, Creeks und Wasserfälle, Elche neben der Straße, Adler am Himmel – Natur bis hinter den Horizont. Fast menschenleere Weite.

Viel los ist im äußersten Norden Nordamerikas nicht – über dreißig Grad plus im Hochsommer, fünfzig Grad minus im mindestens acht Monate langen Winter, Permafrostboden ab zehn Zentimeter Tiefe rund ums Jahr. Kein Wunder, daß die Goldschürfer von Jack Wade Junction ein Schild an der Straße aufgestellt haben, das ihre Sehnsüchte in knappen Krakelbuchstaben zusammenfaßt: »Women wanted – see Miner in Camp«. Kaum eine der wenigen, die das Schild entdecken, dürfte dem Wunsch ernsthaft nachkommen wollen.

Panoramastaubfahnen künden jedes entgegenkommende Auto kilometerweit im Voraus an, riesige Staubwirbel das Herannahen eines Trucks, der sich auf die Piste wagt. »Dusty Job – staubiger Beruf«, hatte der Grenzer von Poker Creek seinen Alltag beschrieben. Wenn ein Truck erst einmal zum Stehen gekommen ist, senkt sich dessen Staubfahne langsam herab und vernebelt den Blick in die Wildnis für Minuten.

Susan Wiren ist das, was man ein Flintenweib nennt. Als einzige Frau steht sie in der moskitoverseuchten Wildnis ihren Mann – und das hinter der einzigen Theke weit und breit in einem Saloon, der weiter südlich komplett für Sperrmüll gehalten würde, Außenwände inklusive. Chicken heißt der Ort, in dem die schlanke Frau im Schlabber-Shirt Cocktails mixt und kocht. Und eigentlich besteht die Siedlung fast nur aus den drei Gebäuden des Saloons und einem Sperrmüll-Herzhäuschen ein paar Meter abseits, das dem Permafrostboden aufgepfropft wurde. Vierzehn Bewohner hat das Kaff rund ums Jahr. Maximal hundert werden es während des kurzen Sommers, wenn der »Top-of-the-World«-Highway in voller Länge passierbar ist.

Ursprünglich sollte das Nest Ptarmigan (»Schneehuhn«) heißen. Der Überlieferung nach gab es Streit um die korrekte Schreibweise, und um eine Schießerei zu vermeiden, einigte man sich auf das unumstrittene Chicken.

»No guns and knifes allowed in Bar – Schußwaffen und Messer verboten«, warnt das Schild über der Tür. Widersetzen mag sich keiner der Asphalt-Cowboys, die hier auf dem Weg zwischen Anchorage und Dawson City Station machen. Susan könnte in der Nähe sein, und sie wirkt so, als würde sie schnell zur Knarre greifen und keine schlechte Schützin sein. Gewöhnen muß man sich daran, daß sie aus heiterem Himmel hysterisch loslacht und genauso unvermittelt endet. Und daß sie immer recht hat.

Wer Wutanfälle vermeiden will, soll die Drei Goldenen Regeln von Chicken beherzigen: nicht über Politik reden, nicht widersprechen und nicht drängeln. Rentier-Burger brauchen ihre Zeit. Und sie sind die 8,95 Dollar wert, die Susan verlangt.

Über der Bar hängt der ausgestopfte Kopf eines Schwarzbären. Scherzbolde haben ihm eine Baseballkappe übergestülpt. Das Tier hat den Fehler gemacht, sich Susan zu widersetzen und ist eines Abends furchtlos bis knapp vor den Tresen gestapft. Es hat den Skalp gekostet – eine Mahnung auch für jeden ansonsten großmauligen Trucker. Susan hat die Hochachtung der meisten Pendler längst erworben. Schließlich kann sie 35 Bier auf einem Tablett balancieren. Und sie hat die Wette mit dem härtesten Burschen weit und breit gewonnen. Der hat behauptet, er könne 22 Cheeseburger verdrücken. Bei 19 mußte er aufgeben. Susan war strahlende Siegerin des Wettstreits, und der Kasse tat die Bestellung obendrein gut.

Am nettesten ist es nachts in Chicken, wenn die Besoffenen aus der Bar abtransportiert werden. Dafür stehen große Traktorreifen bereit, in die die Trunkenbolde gepackt und nach Hause gerollt werden. »Die Leute lieben das«, sagt Susan – Schaulustige nachtnächtlich garantiert. »Das einzige echte Entertainment hier oben« – abgesehen natürlich von allem, was die Natur zu bieten hat.